大学入学共通テスト対策

資料ヨミトリ日本史問題集

Work & Practice
ワーク　プラクティス

仙田直人

山川出版社

　文部科学省は、2022年度から年次進行でおこなわれる高等学校学習指導要領への改訂を踏まえ、2020年度からセンター試験に代えて、大学入学共通テスト（以下「共通テスト」という）を実施した。そして、2024年度からは、全教科において新学習指導要領に即した「共通テスト」へと移行することとなる。

　地歴・公民科の「共通テスト」については、プレテスト問題や実際のテスト問題から考察すると、2022年度以降もマークシートの出題形式は継続されるが、設問の構成や場面設定は新学習指導要領を踏まえた形式となった。

　さて、「共通テスト」の背景にある新学習指導要領では、新科目「歴史総合」「日本史探究」が導入される。「歴史総合」では、近現代史を世界と日本の両方の視野からとらえて理解するとともに、「諸資料から歴史に関する様々な情報を適切かつ効果的に調べまとめる技能を身に付ける」ことを目標としている。同様に「日本史探究」でも、日本史を地理や世界史と関連付けながら理解するとともに、「諸資料から我が国の歴史に関する様々な情報を適切かつ効果的に調べまとめる技能を身に付ける」ことがあげられている。

　いずれの科目も、高等学校段階における基礎的な「知識・技能」の学習に加え、「思考力・判断力・表現力」を重視するとともに、諸資料から適切な情報を読み取る技能を求めている。そのため、新たな「共通テスト」の問題では、「思考力・判断力・表現力」をのばす探究学習の場面設定をしたうえ、資料だけでなくリード文も正確に読み取ることにより、解答を導くことができる設問となっている。

　本書は、この「諸資料を適切に読み取る」技能を身に付けるためのワークブックと問題集の機能を兼ね備えた学習参考書である。単なる問題集では、答えの可否に重点がおかれてしまい、課題（問い）に正対して、資料を読み取るために重要な「なぜ？」が軽視されがちになる。新学習指導要領の趣旨を受けた「共通テスト」を克服するためには、まずワークブック形式で資料を読み取る意味を理解し、そのうえで問題に当たることが最善である。本書は、ワークブックのように記述で答える「ヨミトリWork」と、「共通テスト」に対応した問題形式の「ヨミトリPractice」の二つから構成されている。これらを通して真に資料を読み取る力が育成され、「共通テスト」に対応できる力と自信が付くと確信する。ぜひとも、受験生1人1人がこの学習参考書を通じて、資料の読み取り方を定着させ、その成果を「共通テスト」で具現化できることを心から祈っている。

編者　　仙田　直人

大学入学共通テストと新学習指導要領

　高等学校の現場では、2022年度から年次進行で、新しい高等学校学習指導要領が適用される。その中でも、地歴・公民の教科については、大きな変革となる。地理歴史科でいえば、「地理総合」「歴史総合」という新科目が必修となり、「地理探究」「日本史探究」「世界史探究」が選択必修となった。日本史と世界史の近現代史の融合科目である「歴史総合」と、日本史を掘り下げて学ぶ「日本史探究」については、高等学校段階における基礎的な「知識・技能」の学習に加え、「思考力・判断力・表現力」を重視するとともに、諸資料から適切な情報を読み取る技能を求めている。では、具体的に新学習指導要領における日本史学習で問われる力をまとめてみると、次の6点があげられる。

　　ア：歴史資料を読み解き、歴史に関する重要な情報を取り出す力
　　イ：歴史資料などの根拠に基づき、論理的に考察する力
　　ウ：歴史資料と歴史上の事象との関わりを推論する力
　　エ：歴史上の出来事を時系列的にまとめ、因果関係を分析したりする力
　　オ：歴史上の出来事と現在との関係を多面的・多角的に考察する力
　　カ：日本を含む世界の歴史の整合性や関連性を理解する力

　このような力を評価する「共通テスト」は、「日本史探究」の趣旨からみれば、「歴史資料から仮説を立てて検証する」ことや、時代を比較する学習を通して「歴史を基に考えられる」ことを意識した設問となる。そのため、従来のセンター試験のように、設問文の多くが知識・理解が深ければ解答できる問題とは異なり、設問文や提示された資料に解答への条件付けが示されているケースが多い。したがって、設問文だけでなく、リード文や様々な形式の資料などをしっかり読み解いて情報を得る力が必要となり、初見資料の読み取りや複数資料から情報を統合する力が求められる。

本書の作成に当たって

　そこで、この『大学入学共通テスト対策　資料ヨミトリ日本史問題集　Work&Practice』では、まずは新学習指導要領で重視される「知識」（前後の時代や現代との共通点・相違点の理解）、「技能」（文書・絵画・地図・年表・グラフなどの資料から情報を読み解いて整理する）のうち、「技能」をのばすことに主眼をおいた。そのため、複数の資料から得た情報を基に多面的・多角的に考察する「思考力」、複数の立場や意見を踏まえて選択・判断する「判断力」、趣旨が明確になるように内容構成を考えて論理的に説明する「表現力」を育む授業場面を設定し、ワークブック形式や共通テスト形式を織り交ぜて作問した。

　したがって、図版資料から探究している歴史的事項に関わる情報を発見する、時代の特色を示す情報カードと資料を組み合わせる、歴史的事項を適切に説明する資料の間違いを指摘するなどの形式を多く取り入れた。

　「共通テスト」の出題形式は、場面設定からの設問が多いため、リード文が長いうえ資料も多く、とまどいをみせる生徒も少なくない。実際に問題を解いてみると、情報の読み取りに手間取り、むやみに時間を浪費してしまうケースが多い。そこで、本書を活用して、

効率的に時間を使ってリード文や資料を読み取ることに慣れ、「共通テスト」の問題に対しても自分自身の力が発揮できるよう努めてもらいたい。

本書の有効な使い方

　第1部の「**ヨミトリWork**」は、資料を読み解くことに重点を置いた。したがって、設問の半分以上は、リード文や資料を読み取ることにより解答が可能となっている。なおかつ、ワークブック形式をとったため、記述式の解答が中心である。解答の鍵になる資料やリード文をみつけ、読み取るコツをつかむことを意識してもらいたい。また、知識を問う問題について、理解していない場合にすぐ解答をみるのではなく、教科書や資料集を自分で調べて記入することによって、知識の習得に努めてもらいたい。

　第2部の「**ヨミトリPractice**」は、複数の資料を比較や統合して解答する問題である。なかには、知識を必要とするものもあるが、基本的には複数の資料の読み取りが中心である。ただし、資料の種類は、文字資料のほか、グラフ・絵画・年表・統計など多岐におよんでおり、資料によって読み取り方も画一ではない。本書を活用して、丁寧に資料を読み取ることにより、資料ごとの特徴をつかむ力が付くと確信する。

　第3部には「**ヨミトリPractice テーマ編**」を設けている。このような時代を区切らない「テーマ問題」は、センター試験でも大問1として必ず出題されてきた。この場合、時代間の違いを理解しておくことが重要となり、本書により、前後の時代を念頭に複数資料を読み解くスキルを身に付けて欲しい。そのうえ、近現代史の「テーマ問題」は、諸資料を活用することを前提としている「歴史総合」の対策にもつながると考える。

　また、「**ヨミトリPractice**」は、全体的に設問部分だけではなく、リード文や資料を理解していないと解答できない。そのため、従来のセンター試験に比べ、必然的に解答に時間がかかる。本書での実践を通して、時間配分などを身に付けてもらうことを期待する。

　解説の記述は、自学自習ができるように丁寧に書くことを心掛けた。文章量は多いが、その中に解法のヒントが隠されている場合が多いので、参考にしてもらえるとありがたい。

　「共通テスト」には、学校現場の授業改善のみならず、少なからず問題集などの実践が必要となる。ぜひとも、「共通テスト」に対応するため、本問題集を通じて、資料の読み取り方を実践することにより、受験生1人1人の自己実現ができることを心から祈っている。

目　次

第1部　ヨミトリWork

第2部　ヨミトリPractice

第3部　ヨミトリPractice テーマ編

第1部　ヨミトリ Work

1 原始・古代

1 **資料A**は弥生時代の人々の集落の模型、**資料B・C**は弥生時代の人骨や石鏃の変化に関する**資料**である。弥生時代の生活に関する特徴について、次の文を読み、**問1〜5**に答えよ。

▶弥生時代に入ると、本格的な稲作が始まった。**資料A**の**i**は、収穫したものがねずみなどに食べられないように、（　**ア**　）を高くした倉庫である。また、**資料A**にはつくりかけのものも含めて、竪穴住居が（　**イ**　）つある。集落の外には、四角形の溝をもつ墓である（　**ウ**　）をみることができる。また、この集落は外敵からの侵入を防ぐ造りをしている。その背景として、**資料B・C**が大きく関係している。

資料A

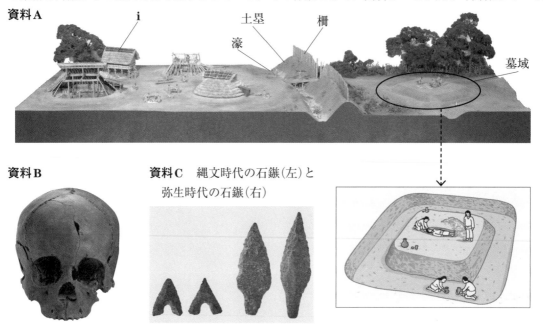

資料B

資料C　縄文時代の石鏃(左)と
　　　　　　弥生時代の石鏃(右)

問1　（　**ア**　）〜（　**ウ**　）に入る語句を答えよ。

問2　弥生時代に水稲耕作に用いられた次の①〜③の農具を、使用する順番に並べ替えた場合、2番目に使用する農具を一つ選べ。

①　　　　　　　　　　　　②　　　　　　　　　　　　③

問3　**資料A**の集落では、外敵からの侵入を防ぐためにどのような工夫がされているか、一つ答えよ。

問4　**資料B・C**より、弥生時代は縄文時代と比較してどのような時代になったと考えられるか。

問5　**資料A**のような濠をもつ集落を何というか。

問1	ア	イ	ウ	問2	
問3					
問4				問5	

2 　**資料A**は古墳の石室の模式図、**資料B**はおもな古墳の分布状況、**資料C・D**は古墳に埋葬された首長の副葬品である。古墳の特徴について、次の文を読み、**問1〜2**に答えよ。

▶古墳には、時代に応じて様々な墳形がみられる。古墳の墳丘上には、様々な形態の（　**ア**　）が置かれた。埋葬方法は時代によって変化しており、**資料A**のような（　**イ**　）式石室では、それまでの石室と違い、追葬が可能となっている。古墳の分布状況をみると、前期には、現在の（　**ウ**　）に大規模な古墳が多くみられるが、中期になると、現在の（　**エ**　）に最も多くみられ、権力基盤が拡大したと考えられる。古墳の副葬品からは、当時の首長の特徴を読み取ることができ、どのような首長がいたのかを推測することができる。

資料A

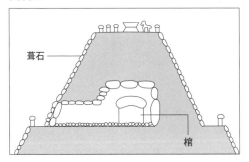

葺石

棺

資料B

（丸数字は古墳の大きさの順）

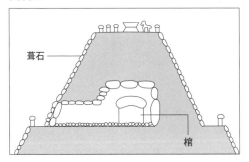

資料C　前期古墳の副葬品

資料D　中期・後期古墳の副葬品

問1　（　**ア**　）〜（　**イ**　）に入る語句と、（　**ウ**　）〜（　**エ**　）に入る都道府県名を答えよ。

問2　**資料B〜D**に関する説明文**X・Y**について、正しいものに○、正しくないものに×をつけ、×の場合にはその理由を記入せよ。

　X　**資料B**から、大規模古墳の上位5つは、奈良県と大阪府に限定されていることがわかる。

　Y　**資料C・D**から、古墳時代の首長は、前期から後期にかけ、司祭者的性格から武人的性格にかわったことがわかる。

問1	ア	イ	ウ	エ

問2	X	理由
	Y	理由

3 古代の律令体制における戸籍に関して、当時の計帳である**資料A**と計帳に関する**資料B〜D**を参考に、次の文を読み、**問1〜3**に答えよ。

▶**資料A**には、出雲臣広足という人物を戸主とする家族について記載されている。家族の構成人数は、正丁の（　**ア**　）人を含む記載されている者に、省略した16人を加えると、全部で（　**イ**　）人いたことがわかる。「逃」と記されているのは逃亡した人物のことで、古代の行政区分でいうと、（　**ウ**　）に3人、南海道に1人が逃亡していることがわかる。

資料A

資料B

＜与えられる口分田＞
6歳以上で与えられた。
良民男子＝2段
良民女子＝1段120歩
＜単位＞
1町＝10段
1段＝360歩

資料C　『日本三代実録』貞観6（864）年

太政官は、国司・郡司に対して、現在、飢饉と疫病で百姓の死亡を進上する国が多く、租税収入が減少している中で、租税負担義務のない人を検出しても人口が増えたとして評価するのをやめるように命じた。

資料D　当時の歴史的事実

・当時は、逃亡者がどこにいるか特定されていれば、口分田を与えられていた。
・国司の勤務成績において、勤務地の人口の増加が対象となっていた。
・女性には調・庸の負担はなかった。

問1　（　**ア**　）〜（　**イ**　）に入る数字と、（　**ウ**　）に入る古代の七道を答えよ。

問2　**資料A**に記載された者がすべて良民だった場合、この家族には逃亡した人も含め、合計で何町何段何歩の口分田が支給されていたか。**資料B**を参考に答えよ。ただし、省略された16人は除くものとする。

問3　**資料A**の男女比の不自然さについて疑問をもった生徒が、**資料C・D**をみつけ、**レポート**を作成した。**レポート**内の（　**エ**　）に入る語句と、（　**オ**　）に入る適切な文章を答えよ。

レポート

資料Aをみると、男女比に関しては、（　**エ**　）が多く記録されている。これは、**資料C・D**によると、当初、国司の勤務成績に勤務地の（　**オ**　）が増えることも対象であったため、国司によって水増しされたと考えられる。

問1	ア	イ	ウ

問2		問3	エ	オ

④ 古代の東北地方について、国の支配拠点に関する**資料A・B**、当時の国際情勢に関する**資料C**、律令制下の貴族の収入に関する**資料D**を参考に、次の文を読み、**問1～4**に答えよ。

▶律令に基づく国家体制が実現していく中で、政府は蝦夷と呼んだ東北地方に住む人々に対して支配を広げた。陸奥国府につくられた碑（**資料A**）では靺鞨国についても触れられている。この国は、唐によって滅ぼされた高句麗の人々が建国した国で、日本とも交流をもち、松原客院（外国の使節を迎えるための施設）も利用したとされている。926年、靺鞨国は契丹によって滅ぼされた。

資料A

西

朝獦修造也

天平寶字六年十二月一日

省卿兼按察使鎮守将軍藤原恵美朝臣

寅参議東海東山節度使従四位上仁部

府将軍従四位上勲四等 大野朝臣

此城神亀元年歳次甲子按察使兼鎮守

東人之所置也天平寶字六年歳次壬

去ⓐ靺鞨國界三千里

去下野國界二百七十四里

去常陸國界四百十二里

去蝦夷國界一百廿里

去京一千五百里

ⓑ

資料B

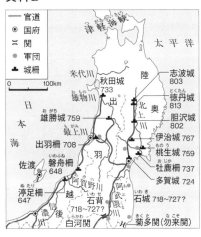

・官道
◎ 国府
Ⅱ 関
● 軍団
♣ 城柵

津軽海峡
太平洋

志波城 803
徳丹城 813
胆沢城 802
伊治城 767
桃生城 759
牡鹿柵 737
多賀城 724

秋田城 733
雄勝城 759
出羽柵 708
佐渡
磐舟柵 648
淳足柵 647
石城 718～727?
菊多関（勿来関）
白河関

米代川
雄物川
最上川
北上川
阿賀川
信濃川
阿武隈川
阿賀川

日本海
出羽
陸奥
羽
越後
武蔵

0 100km

資料C

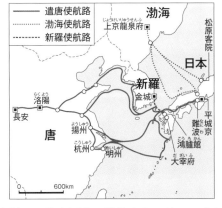

── 遣唐使航路
…… 渤海使航路
- - - 新羅使航路

渤海
上京龍泉府
松原客院
日本
新羅
金城
洛陽
長安
揚州
杭州
明州
唐
平城京
難波
鴻臚館
大宰府

0 600km

資料D

位階	位田	位封	季禄（半年分）				資人
			絁	綿	布	鍬	
正一位	80 町	300 戸	30 匹	30 屯	100 端	140 口	100 人
従一位	74	260	30	30	100	140	100
正二位	60	200	20	20	60	100	80
従二位	54	170	20	20	60	100	80
正三位	40	130	14	14	42	80	60
従三位	34	100	12	12	36	60	60
正四位	24	(位禄)	8	8	22	30	40
従四位	20	(位禄)	7	7	18	30	35
正五位	12	(位禄)	5	5	12	20	25
従五位	8	(位禄)	4	4	12	20	20
正六位	－	－	6	3	10	15	－
従六位	－	－	6	3	8	15	－

問1 　**資料A**は陸奥国府の機能をもつ地につくられた石碑の碑文である。碑文にある「此城」（この城）とはどこか。**資料B**を参考に答えよ。

問2 　**資料A**の傍線部ⓐの国は**資料C**のどこの国を指すか、答えよ。

問3 　**資料A**の傍線部ⓑの人物が支給された位田はいくらか、**資料D**を参考に答えよ。

問4 　古代の東北地方に関して、生徒が**メモ**を作成したが、一カ所誤ってしまった。**メモ**から誤っている部分を抜き出し、正しく直せ。

メモ　古代の東北地方の支配に関して、政府は日本海側から支配を広げていった。陸奥に国府が築かれると、信濃川流域を中心に支配を広げていった。

問1		問2		問3	
問4	誤		正		

5 平安京の遷都について、長岡京と平安京の位置に関する**資料A**を参考に、次の文を読み、**問1〜3**に答えよ。

▶桓武天皇は、仏教政治の弊害を改め、天皇権力を強化するために、784年、平城京から山背国の長岡京に遷都した。しかし、長岡京の造営を主導した（　**ア**　）が暗殺される事件などがおこったことから、794年、平安京に再度遷都した。平安京の造営において、東寺・西寺以外の寺院は京内になく、藤原道長が建立した（　**イ**　）も京外である。また、水運を重視した設計のため、付近の（　**ウ**　）は氾濫が多く湿地帯となっており、右京の開発は進まなかった。ⓐ慶滋保胤の日記『池亭記』（**資料B**）には、平安中期以降の平安京の荒廃が記録されている。彼は浄土思想の普及のために『（　**エ**　）』を著してもいる。

資料A

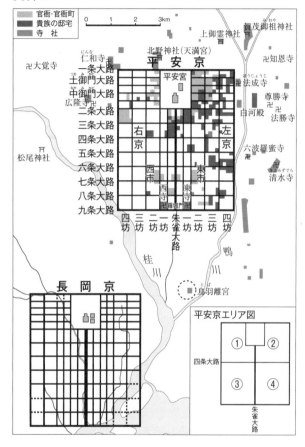

資料B

予二十余年以来、東西二京を歴見するに、西京は人家漸く稀にして、殆幽墟に幾し。人は去ること有りて来ることなし、屋は壊ること有りて造ることなし。……

東京の四条以北、乾艮の二方は、人人貴賤となく、多く群聚する所なり。高家は門を比べ堂を連ね、小屋は壁を隔て簷を接ふ。……

問1　（　**ア**　）〜（　**エ**　）に入る語句を答えよ。

問2　下線部ⓐの人物の自宅は、左京の六条三坊にあったが、それは平安京のどのエリアか、**資料A**の①〜④から一つ選べ。

問3　**資料B**を参考に、当時、平安京で栄えていたエリアを、**資料A**の①〜④から一つ選べ。

問1	ア	イ	ウ	エ
問2		問3		

6 **資料A**は諸官庁がある平安京の大内裏の図、**資料B**は二官八省の職制についての史料である。大内裏とその内部にある行政組織について、次の文を読み、**問1～2**に答えよ。

▶平安京は、遣唐使からの情報や中国の『周礼』という書物を参考にして設計された。大内裏の外周には全部で（　ア　）カ所の門がある。大内裏内の北東部の地域をみると、（　イ　）の栽培がすでにおこなわれている。大内裏の南側には伴善男が左大臣源信の失脚をはかっておこした事件の舞台となる（　ウ　）がある。ここを北へ進むと、朝堂院があり、その（　エ　）側には、国司の交代事務をおこなった部署がある。

資料A

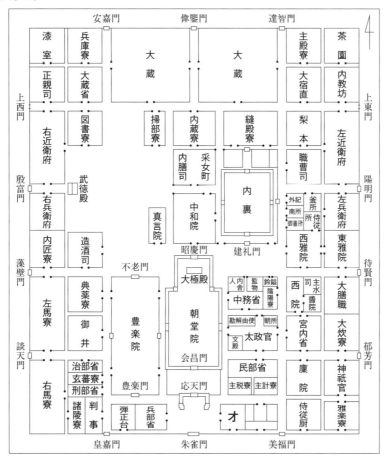

資料B　職員令

（1）侍従・献替し、礼儀を賛け、相き、詔勅の文案を審署し……。
（2）内外の文官の名帳・考課・選叙・礼儀……学校……。
（3）諸国戸口の名籍・賦役……諸国の田の事。

問1　（　ア　）～（　ウ　）に入る語句と、（　エ　）に入る方角を答えよ。
問2　**資料B**の職員令にある二官八省のうち、**資料A**のオに置かれたものを答えよ。

問1	ア	イ	ウ	エ
問2				

7 花子さんは、国司らの圧迫に対して、荘園がどう変容したかについて調べた。当時の荘園である肥後国鹿子木荘の**資料A**を読み、**資料B**としてまとめた。**資料A・B**を参考に、**問1～4**に答えよ。

資料A

鹿子木（かのこぎ）の事
一、当寺の相承（そうじょう）は、開発領主沙弥寿妙、嫡々（ちゃくちゃく）相伝の次第なり。
一、寿妙の末流高方（たかかた）の時、権威を借らむがために、実政卿を以て領家と号し、年貢四百石を以て割き分ち、高方は庄家領掌（りょうしょう）進退の預所職（わか）となる。
一、実政の末流願西（がんさい）、微力の間、国衙の乱妨（らんぼう）を防がず。この故に願西、領家の得分二百石（とくぶん）を以て、高陽院内親王（かやのいんないしんのう）に寄進す。件の宮薨去（こうきょ）の後、御菩提（ごぼだい）の為め……勝功徳院（しょうくどくいん）を立てられ、かの二百石を寄せらる。其の後、美福門院（びふくもんいん）の御計（おはからい）として御室（おむろ）に進付せらる。これ則ち本家の始めなり。

資料B

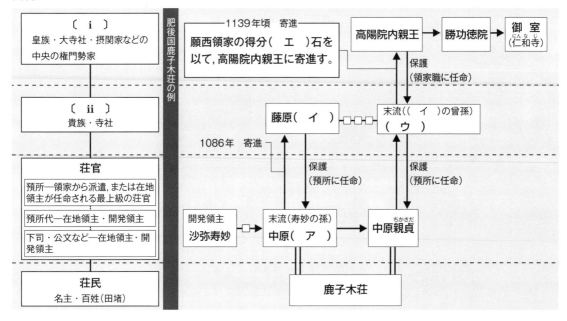

問1 **資料A**を図式化した**資料B**の（　**ア**　）～（　**エ**　）に入る語句を答えよ。

問2 **資料B**の〔　**i**　〕～〔　**ii**　〕には領家・本家のいずれかが入る。それぞれがどちらかを答えよ。

問3 **資料A**のような荘園を何というか、答えよ。

問4 開発領主が土地を寄進した理由を、**資料A**から文を抜き出して答えよ。

問1	ア	イ	ウ	エ
問2	i	ii	問3	
問4				

8 　**資料A**は摂関政治の職務に関するもの、**資料B**は中小貴族と朝廷の関係についてのもの、**資料C**は摂関政治期の藤原氏の系図である。平安時代の摂関政治と平安文学の隆盛の関係性について、**資料A～C**を参考に、次の文を読み、**問1～3**に答えよ。

▶平安時代では摂政・関白の地位に就くと、大臣以外の官を任じる儀式である（　**ア**　）や官人に位階を授ける儀式などに携わることになっていた。中小貴族は任国に赴く国司である（　**イ**　）の地位を求めていたため、摂関家と関係を深めようとした。摂関政治において、天皇との外戚関係が重要となり、藤原氏は天皇家との婚姻関係を結び、関係を深めた。天皇の后になるために、高い教養が求められたため、中小貴族たちは、天皇の後宮に入れた娘たちに教養ある家庭教師役として女官である女房を付き添わせた。実際に、後一条天皇に嫁いだ藤原道長の娘（　**ウ**　）の女房として勤めたのが、『源氏物語』を書いた紫式部である。また、同じく後一条天皇に嫁いだ藤原道隆の娘（　**エ**　）の女房として勤めたのが、『枕草子』を書いた清少納言である。かな文字だけでなく、こうした女房たちの活躍が、平安時代の文化の隆盛の一端を担った。

資料A

＞摂政・関白の職務の一部
・除目（じもく）
　大臣以外の官を任じる儀式
・叙位
　官人に位階を授ける儀式

資料B

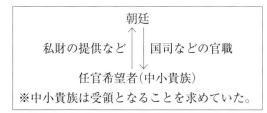

資料C

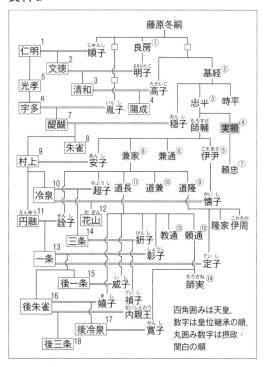

問1　（　**ア**　）～（　**エ**　）に入る語句を答えよ。
問2　**資料C**をみて、藤原道長を外祖父とした3名の天皇を即位順にすべて答えよ。
問3　藤原実頼は、摂政になったにもかかわらず、自分に力がないことを嘆いていた。藤原道長と比べて力がなかった理由を、**資料C**を踏まえて説明せよ。

問1	ア	イ	ウ	エ
問2				
問3				

2 中世

1 　**資料A・B**は、下野国日向野郷の地頭に任命される際に与えられた文書である。しかし、同じ趣旨の同じ日付（建久3〈1192〉年9月12日）の文書であるにもかかわらず、異なった形式をとっている。

　この理由を記していると考えられるのが、**資料C**である。これについて、**問1〜5**に答えよ。

資料A　御判下文(注1)　　　　　　　　　　**資料B**　政所下文(注3)　　　　　　　　(注4)

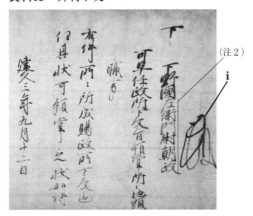

(注1)御判下文：将軍から御家人に出された文書。　　(注2)左衛門尉朝政／左衛門尉藤原朝政：小山朝政。

(注3)政所下文：政所から出された土地所有を認める文書。　　(注4)補任：職務に任ずること。

資料C

千葉介常胤先ず御下文を給はる。而るに、御上階(注1)以前は御判を下文に載せられ訖んぬ。政所を始め置かるるの後はこれを召し返されて、政所下文を成さるるの処、常胤頗る確執(注2)す。政所下文と謂ふは家司(注3)等の署名なり。後鑑(注4)に備へ難し。常胤の分に於いては、別して御判(注5)を副え置かれ、子孫末代の亀鏡(注6)と為すべきの由、これを申し請ふ。仍て所望の如しと云々。
(注1)御上階：右近衛大将に任ぜられたこと。　　(注2)確執：自分の意見を強く主張して譲らないこと。
(注3)家司：親王や上級貴族の家政をつかさどる職員。　　(注4)後鑑：後代の証拠。
(注5)御判：源頼朝の花押のこと。　　(注6)亀鏡：手本。模範。

問1　**資料A**は、当時の将軍が御家人に発給した文書である。**i**の花押を書いた将軍は誰か。

問2　**資料A・B**において、いずれも地頭に任命されている人物は誰か。

問3　**資料C**は、1180〜1266年の幕府の事績を編年体で記録した書の一部である。この書を何というか。

問4　**資料A**と**資料B**ではその発給したところが異なる。それぞれの発給元を資料から抜き出して答えよ。

問5　**資料C**に登場する千葉介常胤は、**資料B**の形式のものを与えられたが、それを不服として**資料A**の形式の文書の発給を要求した。千葉介常胤が**資料B**の文書は証として不十分として不満だったのはなぜか。その理由にあたる部分を、**資料C**より抜き出せ。

問1		問2		問3	
問4	A　　　　　　　B				
問5					

2 　資料A～Cは、肥後の御家人竹崎季長の活躍を描いた絵巻と、竹崎季長に関する年表である。次の
　文を読み、**問1～3**に答えよ。

▶**資料A**の場面は、日本が他国と戦った様子が描かれている。日本が一騎打ち戦法であったのに対し、
相手国が（　ア　）戦法をとったため、日本が苦戦していることがわかる。しかし、**資料A**の戦いののち、
竹崎季長は御恩奉行の（　ウ　）から、恩賞を得ている。また、**資料B**では戦い後に築造された（　イ　）
が描かれていることから、**資料B**は**資料A**の戦い後の状況を描かれたことがわかる。**資料A・B**に描か
れた戦乱時の執権（　エ　）は、弘安の役の3年後に亡くなった。

資料A　馬が矢で射られてつはうが爆発して苦戦している場面

資料B　季長が防塁上の菊池氏に声をかける場面

資料C

年	季長	できごと
1273	28歳	蒙古軍、高麗を鎮圧
1274	29歳	文永の役 季長、先駆けの功名をはかる
1275	30歳	鎌倉へ出訴 季長、御恩奉行安達泰盛と対面し、恩賞を賜る
1276	31歳	防塁の築造開始
1281	36歳	弘安の役 蒙古軍による夜襲
1284	39歳	北条時宗死去、北条貞時執権就任
1285	40歳	霜月騒動
1289	44歳	弘安の役の論功行賞を実施
1293	48歳	絵巻制作 平禅門の乱

問1　竹崎季長が戦っている国名を答えよ。
問2　資料Aの丸で囲まれた武器は当時何と呼ばれていたか。
問3　（　ア　）～（　エ　）に入る語句を答えよ。

問1		問2	
問3	ア	イ	ウ	エ

3 資料Aは、伊予国弓削島荘で鎌倉時代後期におこった所領争いの結果を示した荘園絵図である。こ
こから読み取れる内容について、**資料B**の弓削島荘に関する年表、**資料C**の所領争いに関する史料
を参考にしながら、**問1～2**に答えよ。

資料A

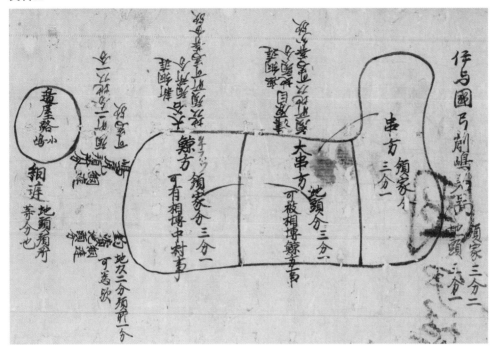

資料B

年	できごと
平安後期	弓削島荘が成立
1135年	塩浜・田畠の所当官物が免除され、国司不入の地となる
1239年	後白河天皇の娘宣陽門院親子が東寺に寄進。同じ頃、関東の小宮氏が地頭となる
1259年	荘園領主と地頭が和解したが、地頭の非法が続いた
1291年	荘園領主側が関東へ下向 →領家側の主張が認められて小宮氏の地頭職は没収され、新たな地頭に久明親王の母がなる
1303年	新たな地頭と領家との間に取り決め（**資料C**）がおこなわれる

資料C 地頭と領家の取り決め（『東寺百合文書』、現代語訳）

一 当島田畠・山林・塩浜等下地の所務については、三分の二を領家分とし、三分の一を地頭分とす
る。
一 網場三カ所については、嶋尻を預所分、釣浜を地頭分とし、辺屋路嶋は等分とする。

問1　資料**A**が示す、所領争いに関する解決方法を何というか。

問2　資料**A**〜**C**に関する説明文 **a** 〜 **e** について、内容が正しいものに○、内容が正しくないものや資料から読み取れないものに×をつけ、×の場合にはその理由を記入せよ。

a　この荘園は、成立当初から東寺が所有していた。

b　取り決め後、串方は領家の支配領域となった。

c　取り決め後、辺屋路嶋は領家と地頭が半分ずつ支配することになった。

d　弓削島には田畠と山林はあったが、それ以外の産業はなかった。

e　この荘園領主と地頭の争いにおいては、つねに地頭に有利な解決方法がとられた。

問1	

問2		
a	理由	
b	理由	
c	理由	
d	理由	
e	理由	

4 　資料A〜Cは、室町時代の京都周辺の商人の活動や物流に関するものである。これをみて、**問1**〜
　　3に答えよ。

資料A　京都周辺の流通路

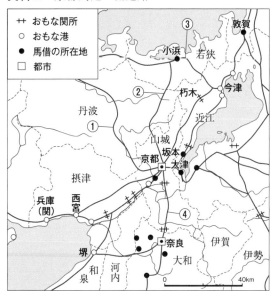

資料B　近江朽木関関銭表^{くつきのせき}

一、かいさう(海藻)
　　一駄^(注1)七文、かちに^(注2)三文
一、うお(魚)
　　一駄七文、かちに三文
一、くろかね(鉄)
　　一駄十文、かちに三文
一、あかかね(銅)
　　一駄廿文、かちに五文
一、お(苧)^(注3)
　　一駄七文、かちに七文

(注1)駄：馬頭に積める米二俵分。
(注2)かちに：徒荷。人が背負える米一俵分。
(注3)苧：衣料の原料。主産地の越後から若狭に搬入
　　　し、畿内で販売していた。

資料C　五箇商人^(注1)らの訴え(16世紀前半)

条々　　若州道九里半^(注2)之事
一、九里半の事は、高島南市・同南五ヶ・又今津の馬借・同北五ヶの商人、進退仕る^(注3)事、その
隠れあるべからず候。しかるところ、野々川衆^(注4)かの道罷り通り、若州へ商売仕るべき造意、新
儀に候。聞こし召し開かれ、相違なく仰せ付けられ候わば、忝く^{かたじけな}存ずべく候。

(注1)五箇商人：湖西の高島南市、南北五箇などを本拠地とする商人。　　　　(注2)九里半：近江北部から若狭小浜に通じる街道。
(注3)進退仕る：支配する。　　　(注4)野々川衆：近江の商人である保内商人の一部。

問1　資料Cに記載されている中世の運送業者は何か。
問2　資料Cの九里半が示す街道として、**正しいものを資料Aの①〜④**から一つ選べ。
問3　資料B・Cを読み取り、次の説明文a〜dについて、内容が正しいものに〇、内容が正しくない
　　　ものや資料から読み取れないものに×をつけ、×の場合にはその理由を記入せよ。
　a　鉄は徒荷で運ぶ場合、苧より関銭が高い。
　b　苧は若狭国を主産地とし、海産物とともに朽木関を通って畿内に運ばれた。
　c　九里半街道を支配してきた商人の中に、高島南市の商人が含まれている。
　d　新たにこの街道を通るようになった野々川衆は、若狭国の商人である。

問1			問2	

問3	a	理由	
	b	理由	
	c	理由	
	d	理由	

5 『東寺百合文書』には、東寺が所有していた備中国新見荘^{（にいみ）}の代官祐清による年貢の納入についての書状（**資料A・B**）が伝わる。これについて、**問1〜5**に答えよ。

資料A 寛正3（1462）年に祐清が東寺に宛てた書状

> 一、御年貢の紙ハ、いまだ納めず候間、幸いニ罷り上る夫^{（注1）}にて候ほどに、紙を八束、一貫文^{（注2）}
> にてかい候て、上せ申し候。
>
> 以上九束ハ寺家へ参らせ候。……
>
> （注1）罷り上る夫：京都に上る人夫。 （注2）一貫文：1000文。

資料B 京都の市場における紙の値段

> かみの代、引合^{（注1）}、上品一束七百、中五百、杉原^{（すいばら）（注2）}、上品八百、六百、中四百、下三百五十文、
> 壇紙^{（だんし）（注3）}、上二百、下百計、薄白^{（うすしろ）（注4）}、上五十文、中四十文。
>
> （注1）引合：檀紙の一種。
>
> （注2）杉原：播磨国杉原でつくられた薄く柔らかい手紙用紙。
>
> （注3）壇紙：厚手の紙。陸奥国の特産。 （注4）薄白：米のりを混ぜた厚手の紙。

問1 新見荘の荘園領主である寺院は、平安時代に嵯峨天皇からある僧侶に与えられた。その僧侶とは誰か。

問2 新見荘で年貢の納入を請け負っている人物は誰か。

問3 **資料A**にある新見荘で年貢として徴収されているものは何か。その品名と量を答えよ。

問4 **資料A**より、備中国では紙1束を何文で売っていたか。

問5 **資料B**にある上質な紙のうち、京都で最も高く売られていた紙は何か。

問1		問2	
問3	品名	量	
問4		問5	

3 近世

1 **資料A・B**は、それぞれ織田信長と豊臣秀吉の居城を描いたもので、**資料C**は織豊期のある町に関する史料である。これらの資料と**資料A・B**の**説明文**も参考に**問1～6**に答えよ。

資料A

説明文

織田信長の居城で、絵図には五層七重の天守や琵琶湖が描かれている。

資料B

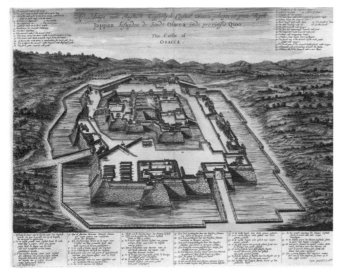

説明文

豊臣秀吉の居城で、石山本願寺の跡地に築かれ、堀で守りを固めた様子が描かれている。

問1 **資料A・B**の城の名称と、それぞれの城があった場所を右の地図の中の**ア～カ**から一つ選び、答えよ。

問2 **資料A・B**の絵から、城の築かれた場所に着目して、その違いを答えよ。

資料C

〔1561年〕

（　i　）の町は甚だ広大にして、ⓐ大なる商人多数あり、此の町はベニス市の如く執政官^(注1)に依りて治めらる。

(注1) 執政官：合議制により都市運営をした会合衆を執政官と表現した。

〔1562年〕

日本全国、当（　i　）の町より安全なる所なく、他の諸国において動乱あるも、此の町にはかつてなく、敗者も勝者も、此の町に来住すれば皆平和に生活し、諸人相和し、他人に害を加ふる者なし。……町は甚だ堅固にして、西方は海を以て、又他の側は深き堀を以てかこまれ、常に水充満せり。

問3　**資料C**の（　i　）は、信長・秀吉がその経済力に着目し、直轄領として支配した町である。その町名を答えよ。

問4　**資料C**の（　i　）について述べた説明文**X・Y**について、その根拠となる部分を、**資料C**より抜き出して答えよ。

　　X　この町は商人たちが合議制により自治をおこなっていた。

　　Y　この町は防御にすぐれた造りになっていた。

問5　**資料C**の下線部ⓐの１人で、侘茶を大成させた人物は誰か。

問6　信長の天下統一事業についての記述として、**誤っているもの**を、次の①〜④のうちから一つ選び、その理由を答えよ。

　①　楽市令を出し、販売独占をおこなう市や座を廃止し、自由な商業活動を促した。

　②　撰銭令を出し、良銭の基準や悪貨との交換率を定め、通貨取引の円滑化を進めた。

　③　関所を設置し、関銭を徴収して戦の恩賞として家臣団に分配した。

　④　石山戦争で一向一揆と戦い、石山本願寺の顕如は屈服して退去した。

問1	A名称	A場所	B名称	B場所

問2	

問3		

問4	X	
	Y	

問5		

問6		

2 **資料A**は南蛮貿易を描いた屏風、**資料B**はこの当時に貿易で伝来したものに関する史料である。**資料A・B**を参考に、次の文を読み、**問1～4**に答えよ。

▶この屏風絵は南蛮船が入港した様子を描いている。南蛮貿易はおもにスペインや（　**ア**　）との貿易で、中国産の（　**イ**　）や皮革など戦国大名の求める品物を国内にもたらした。屏風に描かれている黒の長衣とマントを身に着けている人物はフランシスコ＝ザビエルと同じ（　**ウ**　）所属の宣教師である。また、⒜屏風の右上の建物はキリスト教の教会堂である南蛮寺である。

資料A

資料B

手に一物を携う。長さ二、三尺。⒝其の体たるや、中通り外は直く、しかも重きを以て質となす。其の中常に通ると雖も、其の底密塞を要す。其の傍に一穴有り、火を通すの路なり。形象物の比倫すべきなきなり。…
…其発するや掣電光の如く、其鳴るや驚雷の轟の如く、聞く者其耳を掩わざるはなし。……時尭其の価の高くして及び難きを言はずして、⒞蛮種の二【　**X**　】を求め、以て家珍となす。

問1　（　**ア**　）～（　**ウ**　）に入る語句を答えよ。

問2　下線部⒜で、南蛮寺であると推測される理由を答えよ。

問3　**資料B**の下線部⒝は、貿易で伝来したある品物【　**X**　】について説明している。この品物とは何か。

問4　**資料B**の下線部⒞で、2つの【　**X**　】を購入して家宝にした人物を、**資料B**中から抜き出せ。

問1	ア	イ	ウ
問2			
問3		問4	

3 　**資料A**は、江戸時代後期のある農村で小商いをしていた人物とその販売品一覧である。農村でも塩・酒・草履や日用品を商う農民がいたことがわかる。**資料A**を読み取り、**問1〜4**に答えよ。

資料A　上野国利根郡横塚村の小商い（1819年）

商い主	商品
源内	穀物類・草履・塩・茶など
嘉兵衛	素麺・塩・茶・菓子類・刻みたばこ・紙類など
勘之丞	馬・酒・菓子・果物・草履など
吉五郎	ところてん・塩・茶・果物・菓子類・にしん魚類・刻みたばこ・くず繭・草履など
金右衛門	酒・豆腐・ところてん・菓子・果物・煮売りもの・ろうそく・草履など
忠右衛門	菓子・ろうそく・線香・打ち綿・草履など
磯右衛門ら	たばこ類・くず繭・刻みたばこなど
宇兵衛	古金・菓子類
忠吉	くず繭・刻みたばこ
戸右衛門	菓子類
久米蔵	古着
栄蔵	くず繭

（『江戸時代館』より）

問1　**資料A**の商い主のうち、5軒以上で扱われていた品物を一つ答えよ。

問2　**資料A**の商い主が扱っていた海産物を一つ答えよ。

問3　**資料A**の農村では織物業が盛んであった。その特徴を表している品物を一つ答えよ。

問4　江戸時代の農村について述べた説明文**X・Y**について、正誤の組合せとして**正しいもの**を、下の①〜④のうちから一つ選べ。

　X　**資料A**の農村では海産物などの商品を仕入れるネットワークが存在していたことが考えられる。

　Y　**資料A**にみえる小商いをおこなう農民と零細農民が対立し、村方騒動へ発展した。

① 　**X**—正　**Y**—正　　　② 　**X**—正　**Y**—誤　　　③ 　**X**—誤　**Y**—正　　　④ 　**X**—誤　**Y**—誤

問1		問2	
問3		問4	

4 **資料A**は享保期における植物**ア**の産地と生産高、**資料B**はその作業工程、**資料C**はその作業工程で使われるものである。また、**資料D・E**は、植物**イ・ウ**のそれぞれの作業工程を示している。**資料A～E**を参考に、**問1～5**に答えよ。

資料A

1駄は32貫目(約121.6kg)

産地	生産概数(駄)
全国	1020
出羽最上	415
奥州福島	120
奥州仙台	30
西国肥後	250
尾張	100
遠江	10
相模	10
その他	(不明)

(『改訂 最上紅花史の研究』より)

資料B 植物**ア**の工程

①摘んだ花びらをすり鉢や臼でついて丸める。
②丸めた花びらは天日にさらして乾燥させる。

資料C

資料D 植物**イ**の工程

①枝を木桶に入れて蒸し、皮をむく。
②表面をたたきつぶし繊維状にする。
③ネリ(粘着剤)をまぜ、漉船(すきふね)で漉く。
④漉いたものを圧搾し水分をとり、乾燥させる。

資料E 植物**ウ**の工程

①さやがはじける前に刈り取る。
②種子を取り外し乾燥させる。
③鍋で炒り、臼や水車で粉にする。
④セイロで蒸して重しをのせ、楔(くさび)を打ち搾る。

問1 **資料A**のうち、最も植物**ア**の生産高が多い産地はどこか。

問2 植物**ア**の名称を答えよ。また、植物**ア**の用途について説明せよ。

問3 植物**イ・ウ**に当てはまるものの組合せとして、**正しいもの**を次の①～⑤のうちから一つ選べ。

① **イ**―楮　　**ウ**―櫨　　② **イ**―櫨　　**ウ**―荏胡麻　　③ **イ**―楮　　**ウ**―菜の花

④ **イ**―漆　　**ウ**―荏胡麻　　⑤ **イ**―麻　　**ウ**―菜の花

問4 **資料D**の工程により、完成するものは何か。

問5 **資料E**の工程により、完成するものは何か。

問1	
問2	ア　　　　　ア の用途

問3		問4		問5	

5 **資料A**は江戸時代の実籾村周辺を表した村絵図で、現在の千葉県習志野市の一部にあたる。古くは現在の実籾本郷のあたりに集落があったとされるが、慶長19(1614)年頃、東金御成街道が開通すると、街道沿いに移ったとされる。また、**資料B**は現在の実籾村周辺の地図である。**資料A・B**を参考に、**問1〜2**に答えよ。

資料A

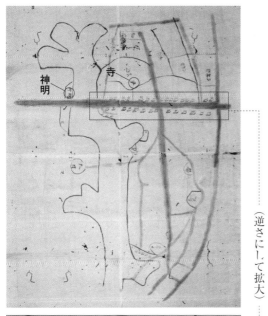

（逆さにして拡大）

資料B

資料C

問1 実籾村に関する説明文**a〜d**について、正しいものに○、正しくないものには×をつけて×の場合はその理由も記入せよ。

a 江戸時代には街道沿いに家屋が建ち並んでいた。

b 街道沿いの神社や寺はなくなり、学校が建設された。

c 鉄道の開通により、駅の北側は南側より住宅街が広がっている。

d 南北に街道を縦断する2本の道は、現在では1本のみ残っている。

問2 **資料C**の絵図は、東金御成街道を東へ進んだ地域での様子である。この浜の名称と漁法の名称をそれぞれ答えよ。

問1	**a**	理由	
	b	理由	
	c	理由	
	d	理由	
問2	浜		漁法

⑥ 江戸の大伝馬町は、17世紀前半以降、太物（綿や麻の織物）を扱う問屋や仲買が集まる町として有名であった。1686年には、七十数軒からなる大伝馬町木綿問屋が結成された。大伝馬町1丁目は本町通りを南北からはさむ2つのブロックからなる典型的な両側町であった。大伝馬町に関する**資料A・B**を参考に、**問1〜2**に答えよ。

資料A　江戸大伝馬町の様子

資料B　大伝馬町1丁目の町割り（1720年）

西　　　　　　　　　　　本町通り　　　　　　　　　　　東

（『日本時代館』より）

▶**資料B**は大伝馬町の町割りを表したもので、区画された町屋敷が北側に（　**ア**　）軒、南側に（　**イ**　）軒あることがわかる。**資料B**の⑧の町屋敷内部を見ると、本町通りに面する部分に（　**ウ**　）人の人物名が記載されている。、これは、その一つ一つが表通りに面している店舗のため（　**エ**　）と呼ばれる借家で、借家一軒分の間口も示されている。このような一つ屋根の下を数軒の住居に仕切ってある長屋のことを（　**オ**　）長屋という。そして、いずれの町屋敷の裏手にも（　**カ**　）が建てられている。町屋敷の裏手の部分は、（　**エ**　）に対する形で裏店と呼ばれ、表の問屋商人たちの保管庫の役割を果たした。

　また、（　**カ**　）の表記の横に記された人物名は地主である。**資料B**の多くの土地は、呉服屋や両替商を営む大商人である（　**キ**　）家が購入したもので、**資料B**に記載されている地主の大半は（　**キ**　）家の代理人であった。彼らは家守と呼ばれ、地主の代わりに町の行政を担い、町屋敷を管理して、（　**エ**　）の住民から地代や家賃にあたる（　**ク**　）を取り立てる役割をもった。

　現在の大伝馬町には、江戸時代から続く小津和紙という会社があり、⒜**資料B**の頃から店を構えている。町絵図から推測すると、小津清左衛門の店のことで、町絵図の（　**ケ**　）に大店を構えた。

現在の小津和紙

問1　（　**ア**　）～（　**ク**　）に入る語句を答えよ。
問2　下線部⒜について、当時の小津和紙が店を構えていた場所（　**ケ**　）として**正しいもの**を、**資料B**の①～⑧のうちから一つ選べ。

問1	ア	イ	ウ	エ
	オ	カ	キ	ク
問2				

4 近代・現代

1 **資料A**は、幕末に外国人一行が初めて「ある国」を訪れた時の状況を同行した絵師が描いたものである。**資料A**を読み取り、**問1〜4**に答えよ。

資料A

From nature by W.Heine

COM・PERRY'S VISIT TO SHUI, LEW CHEW.

問1 **資料A**に描かれた「ある国」は何というか。

問2 **資料A**に描かれている、この国を象徴する門の名称を答えよ。

問3 右側に並ぶ外国人一行を率いていた人物は誰か。

問4 **資料A**には、左側にこの国の人たちが、右側に外国人一行が描かれている。次の説明文**X〜Z**について、正しいものに〇、正しくないものに×をつけ、それぞれその理由も記入せよ。

X **資料A**は、外国人一行が日本に来航後にこの地に寄り、描いたものである。

Y この国の人たちは、外国人一行に対して敵対する態度をとっている。

Z **資料A**は、外国人一行に同行したハイネが描いたものである。

問1		問2		問3	
問4	X	理由			
	Y	理由			
	Z	理由			

2 1880年代には、極東の利権をめぐってアジア諸国内での争いが頻発し、軍備の増強もはかられた。そこに、アジアでの影響力の拡大をはかる欧米の国々も加わり、戦争がおこるに至った。**資料A・B**は、いずれも19世紀末から20世紀初めにかけておこった戦争の直前の状況を描いた風刺画である。**資料A・B**を参考に、**問1〜5**に答えよ。

資料A 「魚釣り遊び」(『トバエ』) 　　　　**資料B** 「火中の栗」(『中央新聞』)

イ(COREE)　　ウ

エ

ア

アの言葉
『英人、日本人に向て曰く「オイ君早く火の中から栗の実を取って来たまへ、コサック兵がみんな食ってしまうから」』

問1　**資料A**を描いた人物は誰か。
問2　**資料A**と**資料B**のいずれにも描かれている日本以外の国はどこか。
問3　**資料B**の新聞には、風刺画の欄外に**ア**の言葉が書かれている。この言葉の根拠となる条約は何か。
問4　**資料A・B**の**イ〜エ**の国名の組合せとして、**最も適当なもの**を次の①〜⑥のうちから一つ選べ。
　① **イ**—アメリカ　　**ウ**—清　　**エ**—朝鮮　　　② **イ**—アメリカ　　**ウ**—朝鮮　　**エ**—清
　③ **イ**—清　　**ウ**—アメリカ　　**エ**—朝鮮　　　④ **イ**—清　　**ウ**—朝鮮　　**エ**—アメリカ
　⑤ **イ**—朝鮮　　**ウ**—清　　**エ**—アメリカ　　　⑥ **イ**—朝鮮　　**ウ**—アメリカ　　**エ**—清
問5　**資料A・B**の風刺画に関する説明文**X・Y**について、正しいものに○、正しくないものに×をつけ、×の場合にはその理由を記入せよ。
　X　**資料A**は、朝鮮半島の支配権をねらう日露戦争直前の各国の状況を風刺している。
　Y　**資料B**は、アメリカの指示で日本がロシアに向かう日露戦争直前の状況を風刺している。

問1		問2	
問3		問4	

問5	X	理由	
	Y	理由	

3 資料A・Bは、1871（明治3）年から1872（明治4）年にかけて書かれた戯作小説の抜粋とその挿絵である。この挿絵の項には「新聞好きの生鍋」のタイトルがついている。資料A・Bを参考に、問1～5に答えよ。

資料A

此節、都鄙（とひ）遠近となく、説教がおひらきになって、諸社諸宗の教道師が勉勤するが、僕が此職を命ぜられりゃあ、静岡の（　ア　）が訳した、『自由の理』を訳解てきかして、世の蒙昧（もうまい）を醒（さま）したい者だて。まず一盃。とさかづきのとりやり、うしをくうこと、ながばなしのうちにありとしるべし。（中略）すべて俗間の知覚をひらき、ⓐ人の知博を弘めるのは、新聞紙のことだよ。今朝、米澤町の日新堂から届いた、新ぶんの五十八號だが、実に確証有益なことがあるよ。しかし、伝聞の誤がねへとも、いはれねへ。ⓑ横濱の『毎日新聞』に、仮名垣魯文が往還へ、小便をして、伐銭を取られて、狂歌を詠んだ、なんぞという大虚説が、次號まで二日とも出ているが、……

資料B

問1　資料Aの小説を著した人物は、自分はおこなっていない嘘の記事を横浜の新聞に載せられたと書いている。この小説を著した人物とは誰か。

問2　資料Aは、文明開化の新しい風俗を象徴する店に集う人々の姿を写実的に描いている。資料Bの人物が食べているこの店が提供したメニューとは何か。

問3　資料Aの（　ア　）に入る人物は誰か。

問4　資料Bの中央の人物は文明開化の象徴とされる髪型をしている。この髪型は何と呼ばれたか。

問5　資料Aの下線部ⓐ・ⓑと資料Bを参考に、次の説明文X・Yについて、正しいものに〇、正しくないものに×をつけ、×の場合にはその理由も記入せよ。

　X　挿絵の人物が手にしている新聞は『横浜毎日新聞』である。

　Y　この本が出版された時期に髪型が自由になり、ちょんまげは禁止された。

問1		問2	
問3		問4	

	X	理由	
問5	Y	理由	

4 　**資料A**と**資料B**は、明治新政府の地租改正政策の際に土地の所有権確認証として発行された地券である。この**資料A・B**を参考に、次の文を読み、**問1**～**6**に答えよ。

▶新政府は地租改正の前提として、1871年に田畑勝手作りを許可し、翌年には田畑永代売買の禁も解いた。そして、地券を発行して、土地の価値を示した（　**ア**　）を定め、土地の所有者を明確にした。1873年、新政府は前年に始まった地券制度を基に、地租改正条例を公布し、地租改正に着手した。条例では、課税の基準を収穫高から（　**ア**　）に変更し、物納から金納に改めた。租税額を意味する（　**イ**　）は、（　**ア**　）の（　**ウ**　）％とし、（　**イ**　）は、地券所有者が納税する義務を負った。

資料A

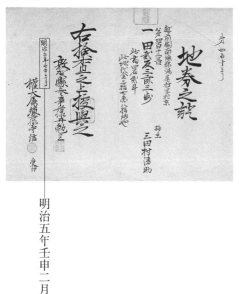

明治五年壬申二月

資料B

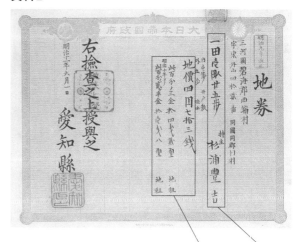

一田壱畝廿五歩　持主　杉浦豊吉

地価四円七拾三銭

此百分ノ三金拾四銭弐厘　　地租

明治十年ヨリ

此百分ノ弐ケ半金拾壱銭八厘　地租

問1　（　**ア**　）～（　**ウ**　）に入る語句を、**資料B**を参考に答えよ。

問2　**資料A**は、地券制度が始まった年に発行された地券である。この地券は、記されている干支から何と呼ばれていたか。

問3　**資料B**の地券に書かれている田の（　**ア**　）はいくらか。

問4　**資料B**から地券の（　**イ**　）が変更されていることが読み取れる。地券の所有者は、変更前の地租改正時ではいくらの（　**イ**　）を払う義務を負っていたか。

問5　（　**イ**　）はいつ変更されたか、西暦で答えよ。また、**資料B**の払う（　**イ**　）はいくらになったか、答えよ。

問6　（　**イ**　）の税率が変更された理由を説明せよ。

問1	ア		イ		ウ	
問2			問3		問4	
問5	西暦		払うイ			
問6						

5 太郎君と花子さんは桂園時代について調べた。桂園時代とは、桂太郎と西園寺公望が交互に総理大臣に就いていた時代のことで、その当時の風刺画(**資料A・B**)をみつけた。桂園時代について、**資料A〜G**を参考に、**問1〜10**に答えよ。

資料A

資料B

海軍拡張

二個師団増設

▶**資料A**は、第1次桂内閣(1901〜06年)時の風刺画で、鞭を振るう桂首相と重い増税を課せられた民衆が税に見立てた大きな風呂敷を担ぐ姿が描かれている。

問1　資料Aの風刺画が載る雑誌名は何か。

問2　桂首相は、1904年とその翌年に臨時増税である非常特別税を設置したが、その理由は何か。

問3　1906年には廃止予定だったこの税が継続された理由も説明せよ。

▶**資料B**の風刺画では、第2次西園寺内閣における緊縮財政の実施を、西園寺首相が畑を整えている姿として描かれている。また、「二個師団増設」と書かれた杭をもつ人物は、寺内正毅である。

問4　内閣と対立して、「二個師団増設」要求をした部署はどこか。

問5　二個師団の設置を想定した、日本が新たに支配した地とはどこか。

問6　第2次西園寺内閣は二個師団増設要求を拒否し、上原勇作陸相が辞任した。その後、軍が後任を推薦せず、内閣は総辞職となったが、その根拠となる制度とは何か。

資料C

年	できごと
1902	日英同盟
1904	日露戦争(〜05)
1905	ポーツマス条約、賠償金が得られず日比谷焼打ち事件がおこる
1908	戊申詔書発布
1910	韓国併合、朝鮮総督府(初代総督:寺内正毅)の設置
1912	陸軍の二個師団増設要求案否決、上原勇作陸相辞任→内閣総辞職 立憲同志会の結成(桂太郎) 第一次護憲運動(尾崎行雄や犬養毅らが中心)
1913	大正政変

▶花子さんが第3次桂太郎内閣に関する**資料D**と**資料E**も探してきた。第2次西園寺公望内閣総辞職後の後継首相に任命された桂太郎は、当時内大臣兼侍従長であったため、宮中と府中(政府)の境を乱すとして批判された。**資料D**は、そのような状況で成立した内閣を厳しく糾弾する弾劾演説の場面で、**資料E**はその内容を示している。

資料D　　　　　　　　**資料E**

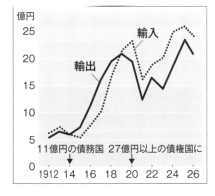

彼等ハ常ニ口ヲ開ケバ直ニ忠愛ヲ唱ヘ、恰モ忠君愛国ハ自分ノ一手専売
ノ如ク唱ヘテアリマスルガ、其為ストコロヲ見レバ、常ニ玉座ノ蔭ニ隠
レテ、政敵ヲ狙撃スルガ如キ挙動ヲ執ッテ居ルノデアル。（拍手起ル）彼
等ハ玉座ヲ以テ胸壁トナシ、詔勅ヲ以テ弾丸ニ代ヘテ政敵ヲ倒サントス
ルモノデハナイカ。……又、其内閣総理大臣ノ位地ニ立ッテ、<u>然ル後
政党ノ組織ニ着手スルト云フガ如キモ</u>、彼ノ一輩ガ如何ニ我憲法ヲ軽ク
視、其精神ノアルトコロヲ理解セナイカノ一班ガ分ル。

（ａ）

問7　桂首相の弾劾演説をおこなった立憲政友会の人物（**資料D**の右側）とは誰か。

問8　**資料E**の演説では、桂内閣が誰を利用して政敵を倒そうとしていると言っているか。

問9　**資料E**の下線部ⓐにある「政党」を何というか。

問10　桂園時代後の輸出・輸入額の推移を示したグラフ（**資料F**）と、その時期の年表（**資料G**）を参考に、
　　　日本の貿易状況について書かれた下の説明文**a**〜**e**について、正しいものに○、正しくないものに
　　　×をつけよ。

資料F　　　　　　　　　　　　　　　**資料G**

億円

25 ………………………………………… 輸入

20 ……………………………………………

　　　輸出
15 …………………………………………

10 …………………………………………

5 …………………………………………
　11億円の債務国　27億円以上の債権国に
0
　1912　14　16　18　20　22　24　26

年	できごと
1914	第一次世界大戦勃発（日本も参戦）
1915	日本が中国に二十一カ条の要求をおこなう 大戦景気（〜18）
1918	第一次世界大戦終結
1919	パリ講和会議（ヴェルサイユ条約締結）
1920	戦後恐慌
1923	関東大震災がおこる
1924	震災手形問題から震災恐慌がおこる

a　第一次世界大戦勃発前から輸出超過の状態であったが、戦後は輸入超過となった。

b　第一次世界大戦の影響で、1914年の5年後には輸出額が3倍以上となった。

c　1914年から1920年にかけ、対外純資産が38億円以上増え、債権国へと転換した。

d　戦後恐慌がおこると、輸出額は増加したが、輸入額は減少した。

e　関東大震災後に震災恐慌がおこると、輸出入額とも一時減少した。

問1		問2	
問3			
問4		問5		問6	
問7		問8		問9	
問10	a　　　b　　　c　　　d　　　e		

6 花子さんは、欧米に派遣された岩倉使節団に関する**資料A・B・C**を集めた。**資料A**は随行した人物がまとめた記録で、**資料B**は出航の場面を描いた絵である。**資料C**は大使1名と副使4名の写真で、花子さんはそのうち3名に関する**人物コメントカード**を作成した。**問1〜5**に答えよ。

資料A 『特命全権大使　米欧回覧実記』第1巻「太平海航程ノ記」

明治4年11月10日……

遣欧米特命全権大使岩倉具視、副使（　**イ**　）、（　**ウ**　）、（　**エ**　）、山口尚芳(なおよし)、一行ノ官員、及ヒ諸省ノ理事官、総テ48人、皆東京ヲ発シ、横浜ニ着シ宿リ為ス、 ⎫ Ⅰ

午後5時ヨリ、蘭ノ公使「アンデルウーヘン」氏、此日ハ本国ノ祝日ナルトテ、正副使ヲ其館ニ宴ス、…… ⎫ Ⅱ

12日……朝八時ヲ限リ、一統県庁ニ集マリ、10時ニ打立テ、馬車ニテ波止場ニ至リテ、小蒸気船ニ上ル、…… ⎫ Ⅲ

使節一行、及ビ此回ノ郵船便ニテ、米欧ノ国々へ赴ク書生、華士族54名、女学生4名モ皆上船シ、各其部屋ヲ定メ、荷物ヲ居付ルナド、一時混雑大方ナラズ、…… ⎫ Ⅳ

此回ニ発スル飛脚船ハ「アメリカ」ト号ス、太平会社飛脚船ノ内ニテ、第一ナル美麗ノ船ナリ、……

資料B

資料C　イ　オ　エ　ウ

人物コメントカード

イ：長州藩士で、西郷や大久保らと薩長連合を結び、維新後は参議として活躍した。

ウ：薩摩藩士。薩長連合を結び、王政復古に尽力した。維新後は、藩閥政府の中枢である内務卿として殖産興業に取り組んだ。

エ：長州藩士。内閣制度を創設し、初代総理大臣となる。

問1　資料Aを記録した人物とは誰か。

問2　**資料B**は、**資料A**のどの時点の場面か、Ⅰ〜Ⅳを参考に、**最も適当なもの**を次の①〜⑤のうちから一つ選べ。

①　〜Ⅰ　　　②　Ⅰ〜Ⅱ　　　③　Ⅱ〜Ⅲ　　　④　Ⅲ〜Ⅳ　　　⑤　Ⅳ〜

問3　岩倉使節団の渡航に使われた船の船名は何というか。

問4　**資料C**の**イ**と**オ**の人物名を答えよ。

問5　**資料A〜C**から読み取れる内容ついて述べた説明文**X〜Z**について、正しいものに○、正しくないものに×をつけよ。

X　使節団の船は東京から出発した。

Y　使節団には女子留学生が同行したことがわかる。

Z　正使は和装でちょんまげ姿であったが、副使は洋装で渡航した。

問1		問2	問3		号

問4	イ	オ	問5	X	Y	Z

7 太郎君は、幕末の科学技術の進歩について調べてみた。**資料A**は教科書の記述で、勝海舟の生誕地の説明板にある錦絵(**資料B**)とその説明文(**資料C**)である。**問1～5**に答えよ。

資料A

開国後、幕府は江戸に蕃書調所を設けて、洋学の教授と外交文書の翻訳などに当たらせ、(**ア**)で洋式砲術を含む武芸を教え、@長崎では海軍伝習を始めた。その一環として汽船の機関を製造・修理できる工作機械を設備した造船所(長崎製鉄所)が建設され、はじめて産業革命後の機械製造技術が伝えられた。1860(万延元)年の(**イ**)条約の批准書交換に際して、勝海舟ら海軍伝習を受けた乗組員が(**ウ**)で太平洋を横断した。

資料B

資料C

幕府海軍の礎となる長崎海軍伝習所　安政2年7月29日(1855年)海軍創設を目指す幕府が、オランダからの支援を受け設立した教育機関。海舟は伝習生を監督する「海軍伝習重立取扱」として、伝習所へ派遣された。……ここで海舟はオランダ語とともに、近代西洋技術、実践的な操船技術も修得した。

問1 **資料A**の(**ア**)～(**ウ**)に入る語句を答えよ。
問2 **資料A**の下線部@の海軍教育機関(**資料B**の**i**)を何というか。
問3 **資料B**の**ii**は、何という島か。
問4 **資料B**の**iii**の軍艦は、どこの国の船か。
問5 **資料B**の**iv**は、製鉄だけでなく船舶の造船や修理ができる施設である。その名称を資料から読み取って答えよ。

問1	ア	イ	ウ
問2		問3	
問4		問5	

8 昭和初期、日本の満蒙権益に対する中国側の根強い国権回復運動に脅威を感じた軍部や右翼は、「満蒙の危機」を叫ぶようになった。そうした中で関東軍は、1931年9月18日に奉天郊外の柳条湖で南満州鉄道の線路を爆破し、これを中国軍のしわざとして軍事行動を開始して満州事変が始まった。この時代の情勢について、次の**資料A〜C**を参考に、**問1〜4**に答えよ。

資料A 『東京朝日新聞』1931年9月19日

奉軍（注1）満鉄線を爆破
日支両軍戦端を開く
我鉄道守備隊応戦す

（注1）奉軍……中国の軍閥の一派。

本日午後十時半北大営の西北において暴戻なる支那兵が満鉄線を爆破し我が守備隊を襲撃したので我が守備隊は時を移さずこれに応戦し大砲をもって北大営の支那兵を砲撃し北大営の一部を占領した

資料B 石原莞爾「満蒙問題私見」（1931年5月）

要旨
一 満蒙ノ価値　政治的／国防上ノ拠点／朝鮮統治　支那指導ノ根拠　経済的／刻下ノ急ヲ救フニ足ル
二 満蒙問題ノ解決　解決ノ唯一方策ハ我領土トナスニアリ　之カ為ニハ其正義ナルコト及之ヲ実行スルノ力アルヲ条件トス
四 解決ノ動機　国家的／正々堂々軍部主動／謀略ニ依リ機会ノ作製　関東軍主動／好機ニ乗ス

資料C リットン報告書

九月十八日午後十時ヨリ十時三十分ノ間ニ鉄道線路上若ハ其ノ付近ニ於テ爆発アリシハ疑ナキモ、鉄道ニ対スル損傷ハ若シアリタリトスルモ、事実長春ヨリノ南行列車ノ定刻到着ヲ妨ゲザリシモノニシテ其レノミニテハ軍事行動ヲ正当トスルニ充分ナラズ。同夜ニ於ケル叙上日本軍ノ軍事行動ハ合法ナル自衛ノ措置ト認ムルコトヲ得ズ。

問1　**資料A**の新聞記事には、戦闘の発端となったできごとは何であると書かれているか、答えよ。
問2　**資料B**の石原莞爾は満州事変発生時の関東軍参謀であった。この**資料B**では、満蒙問題解決の機会は、何によりつくるべきだと書かれているか、答えよ。
問3　**資料C**の報告書では、日本軍の軍事行動をどのように評価しているか、答えよ。

問4 花子さんは**資料A**の新聞報道の内容に加え、**資料D・E**を読み、「当時の新聞がどのような役割を果たしたのか」をまとめてみた。**まとめ**の（　**ア**　）～（　**ウ**　）に入る最も適当な語句を答えよ。

資料D　『大阪朝日新聞』1931年11月30日

本社特派員の
決死的な戦線撮影

満州事変
将士慰問金

資料E　満州事変での日本軍の行動を支持する新聞記事（『東京朝日新聞』1931年9月19日）

……禍の基は理も非も無く、何ものをも打倒せずんばやまないとする支那側の増上慢(注1)であって、今日まで事なきを得たのは、日本の辛抱強い我慢のためであった。

中村大尉事件(注2)は積薪(注3)に油を注いだもの、満鉄線路の破壊は積薪に火を放ったもの、日本の堪忍袋の緒は見事に切れた。真に憤るものは強い。わが正義の一撃は早くも奉天城の占領を伝ふ。日本軍の強くて正しいことを徹底的に知らしめよ。そして一日も早く現状を収拾して事件を解決せよ。

(注1)増上慢：十分な力がないのに、おごりたかぶること。

(注2)中村大尉事件：参謀本部員の中村大尉とその部下が、北満州で軍事目的のための地誌の調査中、1931(昭和6)年6月、中国軍に捕らえられ銃殺された事件。

(注3)積薪：積み上げた薪。

まとめ

新聞は軍の発表をそのまま受け入れ、批判精神なしに報道しただけではなく、（　**ア**　）側を非難し、日本軍の行動を（　**イ**　）する報道をおこなった。また、特派員を戦地に派遣して過熱した報道合戦をおこなうとともに、国内では（　**ウ**　）金を募集するなど、国民の戦意高揚に努めていった。

問1	
問2	
問3	
問4	ア　　　　　　　　　イ　　　　　　　　　ウ

9 第二次世界大戦後の日本経済の民主化について、次の文を読み、**問1〜4**に答えよ。

▶**GHQ**は、日本経済の後進性を象徴する財閥・寄生地主制が軍国主義の温床になったとみて、それらの解体を経済民主化の中心課題とした。**資料A**には、10月1日に（　**ア**　）銀行が大和銀行、元（　**イ**　）銀行と元十五銀行が帝国銀行に変わると記載され、**資料B**にも（　**ウ**　）銀行が千代田銀行に変わると書いてある。しかし、**資料C**をみると、1948年に千代田銀行に名前が変わったはずの（　**ウ**　）銀行が、再び元の銀行名に戻っている。広告に載る子どもの顔も同じであることから、銀行名が復活したことがわかる。

資料A 1948年10月の広告①

資料B 1948年10月の広告②

資料C 1953年の広告

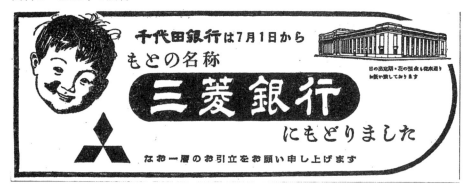

問1　（　**ア**　）〜（　**ウ**　）に入る語句を答えよ。

問2　1948年の銀行名の変化は、**GHQ**の民主化政策によるものである。次のフローチャートはその理由を表したものである。（　**エ**　）に入る語句を答えよ。

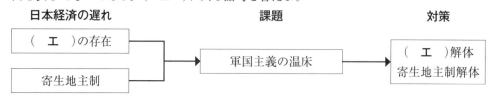

日本経済の遅れ　　　　　　　　　　課題　　　　　　　　　　対策

（　**エ**　）の存在　　　　　　　軍国主義の温床　　　　　（　**エ**　）解体
寄生地主制　　　　　　　　　　　　　　　　　　　　　　　寄生地主制解体

問3　問2の民主化政策の過程をカードで整理した時、カードの（　i　）と（　ii　）に入る適切な法令を答えよ。

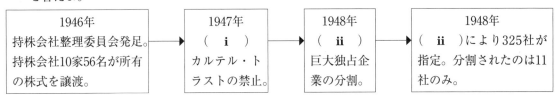

| 1946年
持株会社整理委員会発足。持株会社10家56名が所有の株式を譲渡。 | → | 1947年
（　i　）
カルテル・トラストの禁止。 | → | 1948年
（　ii　）
巨大独占企業の分割。 | → | 1948年
（　ii　）により325社が指定。分割されたのは11社のみ。 |

問4　銀行名が復活した要因として、アメリカの占領政策の変化が考えられる。その理由を**資料D**を参考にして答えよ。

資料D　アメリカ陸軍長官ロイヤルの演説（現代語訳）

　占領の政策面における責任を分担する陸軍省および国務省は、政治的安定の維持と将来とも自由な政局を継承せしめるために、健全にして自立的な経済がなければならぬことをしっている。アメリカは占領地域に対する救済資金に年々数億ドルの負担をいつまでも継続できず、被占領国が自国の生産と輸出品をもっておのが必要とするものに支払い得るときはじめてかかる援助を後顧の憂いなく停止しうる。
　アメリカは日本に十分自立しうる程度に強力にして安定せると同時に、今後東亜（注1）に生ずるかも知れぬ新たな全体主義的戦争の脅威（注2）に対する妨害物の役目を果たしうる自足的民主主義を確立する目的を有している。

（注1）東亜：東アジア。　　（注2）新たな全体主義的戦争の脅威：社会主義陣営との冷戦の深刻化。

問1	ア		イ		ウ	
問2			問3	i	ii	
問4						

10　太郎君は農地改革について調べるため、**資料A～C**を用意した。次の文を読み、**問1～3**に答えよ。

▶**資料A**は第一次・第二次農地改革の表である。**資料B**を見ると農地改革の結果、自作農と自小作農があわせて74.0%から（　**ア**　）%に増えたことがわかる。また、₍a₎経営耕地が1町歩以上の農家が、（　**イ**　）%から27.2%に減少したが、5反以下の農家32.9%から40.8%に増大しており、農業の経営規模の点からみると、戦前より零細農家の比重が高まった。**資料C**には、小作料が（　**ウ**　）となり安くなったこと、自作農たちの農業経営を支援する（　**エ**　）が設立されたことが書かれている。

資料A

		第一次農地改革(案)	第二次農地改革
内　閣		1945年12月 幣原喜重郎	1946年10月 吉田茂(第1次)
実施方法	不在地主 在村地主 (小作地保有制限)	小作地保有は認めない 隣接市町村居住者を含める 5町歩内(約5 ha)	小作地保有は認めない 農地のある市町村に居住する者 内地1町歩(北海道4町歩)
	面積計算単位 (自小作地の制限)	個人単位 なし	世帯単位 内地3町歩(北海道12町歩)
	譲渡方式 農地委員会	地主・小作農の協議 地主・自作・小作各5人で構成	国家が買収、小作農に売り渡す 地主3・自作2・小作5人で構成
	小作料	金納(物納も可)	金納(田は収穫価格の25%以内)
経　過		1945年12月のGHQによる農地改革実施の指令による。しかし、GHQの承認を得られず、実施できなかった。第二次農地改革へうつる	1947年3月から売渡し実施、1950年7月に完了
結　果			地主は経済力と社会的威信を失い、寄生地主制は崩壊

資料B

自作地と
小作地
1938年　自作地 53.2%　小作地 46.8
1949年　87.0　13.0

自小作別の
農家割合
1938年　自作 30.0　自小作 44.0　小作 26.0
1949年　56.0　36.0　8.0

経営耕地別
農家比率
1941年　5反以下 32.9　5反～1町 30.0　1～2町 27.0　2町以上 10.1
1950年　40.8　32.0　21.7　5.5

1反＝9.917a　10反＝1町

資料C

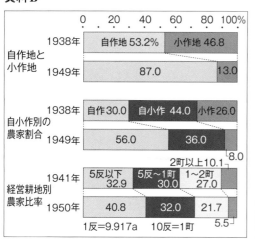

②不合理な小作料はなくなった
物納だった小作料もすべて、金
納となり安くなった。

⑤準備はできたさぁこれからだ
地主や一部の有力者の利益を図った農
業会は解散　みんなの力で、みんなの
利益を上げる農業協同組合が生まれた。

問1　（　ア　）〜（　エ　）に入る語句を答えよ。

問2　太郎君は農地改革が結果として二次にわたっておこなわれた理由をまとめた。**まとめ**の（　オ　）
　　〜（　キ　）に入る語句を答えよ。

まとめ

第一次・第二次農地改革は、ともに不在地主の小作地保有を（　オ　）点では共通している。しかし、
第一次農地改革案では在村地主の保有限度を5町歩内としていることや、自小作地の制限が
（　カ　）など、不十分なものであった。そのため、第二次農地改革では、在村地主の保有を1町歩
とし、売買にあたって地主と小作人の当事者間ではなく、（　キ　）が間に入って買収・売渡をおこ
なうよう徹底をはかった。

問3　下線部ⓐに関連して、このことは1950年代から1980年代前半にかけて、農業にどのような影響を
　　もたらしたか。次の**資料D**を参考にして答えよ。

資料D

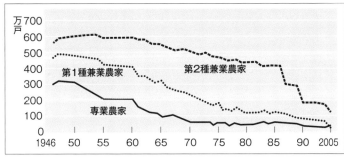

第1種兼業農家：農業所得が兼業所得より
　　　　　　　　多い兼業農家。
第2種兼業農家：兼業所得が農業所得より
　　　　　　　　多い兼業農家。

問1	ア	イ	ウ	エ

問2	オ	カ	キ	

問3	

11〉 第二次世界大戦後の日本の経済成長について、次の文を読み、**問1～5**に答えよ。

▶**資料A**は**GNP**に占める各国割合を示したもので、**資料B**は日本の主要経済指標が戦前水準を超えた年を記したものである。**資料A**において1960年と1973年の**GNP**（国民総生産）の国際比較をみると、アメリカの割合は（　**ア**　）％→（　**イ**　）％と減少しているが、日本は2.9％→8.2％に、**EC**も17.5％→21.3％に増加している。しかし、これを金額でみると、アメリカが5055億ドル（1960年）→13050億ドル（1973年）、日本が（　**ウ**　）億ドル→（　**エ**　）億ドル、**EC**が2625億ドル→（　**オ**　）億ドルへといずれも増加していることがわかる。このことから1960年から1973年にかけて、国民総生産額がアメリカは約2.5倍に、日本が約9.4倍、**EC**が約4.0倍と規模が大きくなっている。

資料A

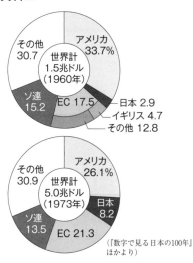

『数字で見る日本の100年』
ほかより）

資料B

	1955年の水準（1934～36年＝100）	戦前水準に達した年	戦前水準の2倍になった年
※実質国民総生産	136	1951年	1960年
工業生産	158	1951年	1957年
農業生産	148	1949年	1967年
輸出数量	75	1959年	1964年
輸入数量	94	1957年	1961年
※1人当たり実質国民総生産	105	1955年	1960年
※同個人消費	114	1953年	1965年
同工業生産	122	1953年	1960年
同農業生産	115	1952年	無

※印は会計年度，その他は暦年。農業生産は林業・水産業を含まない。

問1　（　**ア**　）～（　**オ**　）に入る数値を答えよ。

問2　**資料A・B**をみて、次の説明文**a～d**について、正しいものに○、正しくないものに×をつけ、それぞれその理由も記入せよ。

a　1960年から1973年にかけて、アメリカ以外の国は**GNP**の総額が増え、経済成長を遂げている。

b　1955年、実質の工業生産がすでに戦前の水準に達していた。

c　1960年における日本の**GNP**はいまだ戦前水準に達していない。

d　1960年から73年の間に、世界経済に占めるソ連の**GNP**の割合は減少している。

問3　日本経済の高度経済成長が可能であった要因を説明するために、二つの**資料C・D**を用意した。
資料Cは対米・対アジア輸出の推移を表したもので、**資料D**は設備投資における外国技術の導入状況を表したものである。説明文**X・Y**の（　**カ**　）～（　**ケ**　）に入る語句を答えよ。

資料C

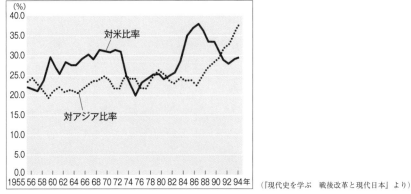

（『現代史を学ぶ　戦後改革と現代日本』より）

38　第1部　ヨミトリWork

資料D

単位：百万ドル

年度	外国技術導入件数				
	化学製品	鉄鋼・非金属および金属製品	一般機械器具	輸送用機械	精密機械
1951〜55	323	181	198	46	2
1956−60	543	301	325	44	8
1961〜65	901	462	1,393	109	78
1966〜70	1,348	646	2,231	247	127
1971〜75	1,360	519	2,591	472	285

（『近現代日本経済史要覧』より）

X 　資料Cから1ドル360円の（　**カ**　）による安定した国際通貨体制に支えられて、（　**キ**　）輸出を拡大させていったことが、要因の一つと読み取れる。

Y 　資料Dから設備投資により（　**ク**　）の導入が年々（　**ケ**　）し、低コスト・高品質の大量生産体制が整備されたことが、要因の一つと読み取れる。

問4 　資料Eは日本の経済成長率と失業率を表したもので、**資料F**は1960年代から70年代にかけての国内・国際情勢を表した年表である。実質経済成長率がマイナスとなった年を答えよ。

問5 　高度経済成長の終焉の原因になった二つのショックを答えよ。

資料E

年度	実質経済成長率	完全失業率
1971	4.4	1.2
1972	8.4	1.4
1973	8.0	1.3
1974	▲1.2	1.4
1975	3.1	1.9
1976	4.0	2.0
1977	4.4	2.0
1978	5.3	2.2
1979	5.5	2.1
1980	2.8	2.0
1981	4.2	2.2
1982	3.4	2.4

（『近現代日本経済史要覧』より）

資料F

年月	情勢
1964	IMF8条国移行、OECD加盟 オリンピック東京大会開催
1971	ニクソン大統領、金ドル交換の一時停止 スミソニアン協定、1ドル＝308円（ドル危機）
1972	ニクソン大統領訪中 田中首相訪中
1973	円、変動相場制移行 第4次中東戦争 第1次石油危機（オイルショック）
1975	第1回先進国首脳会議開催

問1	ア		イ		ウ		エ		オ	
問2	a	理由								
	b	理由								
	c	理由								
	d	理由								
問3	カ		キ		ク		ケ			
問4			問5							

第2部　ヨミトリ Practice

ヨミトリPractice

1 原始・古代

1 資料**A**は5世紀に倭国が中国に使者を遣わした際の中国側の記録で、資料**B**は5世紀の東アジアの地図である。5世紀の東アジア情勢について、資料**A**・**B**を読み取り、問1～3に答えよ。

資料A　『宋書』倭国伝(現代語訳)

　興が死んで弟の武が王位につき、自ら使持節都督倭・百済・新羅・任那・加羅・秦韓・慕韓七国諸軍事安東大将軍倭国王と称した。

　順帝の昇明2(478)年、武は使者を遣して文書を奉り、次のように述べた。「我が国は、中国からはるか遠くにあって、外夷に対する防備となっております。……臣(武)も愚かとはいえ、恐れながら王位を継ぎ、治下どもを率いて、陛下のおわす天下の中心に参上したく、そこで朝貢の道は、百済を経由し、船舶を整えておりました。ところが、高句麗は、道理をわきまえず、周囲を征服することを望み、辺境を侵略し人々を殺しています。……父兄の喪中にあっては、兵を動かさず、進軍を止めて未だ勝利を得ておりません。……」と。

　武を使持節都督倭・新羅・任那・加羅・秦韓・慕韓六国諸軍事安東大将軍倭王に任命した。

資料B

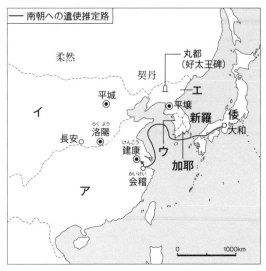

問1　当時の中国と倭国について、資料**A**・**B**から読み取れる**内容Ⅰ・Ⅱ**の説明文**X・Y**について、正誤の組合せとして**正しいもの**を、下の①～④のうちからそれぞれ一つ選べ。

内容Ⅰ

　X　当時の中国は、倭国王に、朝鮮半島における高句麗以外のすべての国の王に任命した。

　Y　当時の中国には、全土を統一した国家が形成されていた。

①　**X**―正　　**Y**―正　　　　②　**X**―正　　**Y**―誤
③　**X**―誤　　**Y**―正　　　　④　**X**―誤　　**Y**―誤

内容Ⅱ

　X　倭国は、雄略天皇の時に、当時の中国に対して朝貢していたことがわかる。

　Y　倭国は、船を利用して都である洛陽に訪れたことがわかる。

①　**X**―正　　**Y**―正　　　　②　**X**―正　　**Y**―誤
③　**X**―誤　　**Y**―正　　　　④　**X**―誤　　**Y**―誤

問2　資料**A**・**B**を参考に、資料**B**の**ア**～**エ**の国のうち、**ア**と**ウ**に当てはまる国名の組合せとして、**正しいもの**を、次の①～④のうちから一つ選べ。

①　**ア**―隋　　　**ウ**―高句麗　　　②　**ア**―宋　　　**ウ**―高句麗
③　**ア**―隋　　　**ウ**―百済　　　　④　**ア**―宋　　　**ウ**―百済

問3　渡来人に関する説明文**X・Y**について、正誤の組合せとして**正しいもの**を、下の①～④のうちから一つ選べ。

　X　資料**B**の**ウ**から来日した秦氏の祖である弓月君が、機織りを伝えた。

　Y　資料**B**の**ウ**から来日した僧の曇徴が、紙・墨・絵具の製法を伝えた。

①　**X**―正　**Y**―正　　　②　**X**―正　**Y**―誤　　　③　**X**―誤　**Y**―正　　　④　**X**―誤　**Y**―誤

2 **資料A**は推古朝に関する年表、**資料B**は遣隋使の中国側の記録(現代語訳)、**資料C**は十七条憲法の条文の一部(現代語訳)である。6世紀後半から7世紀にかけての日本と隋との交流に関して、**資料A～C**を読み取り、**問1～2**に答えよ。

資料A

年	できごと
592	推古天皇即位
593	四天王寺を建立
600	第1回遣隋使を派遣 小墾田宮を建設
603	冠位十二階を制定
604	憲法十七条を制定
607	第2回遣隋使を派遣 法隆寺を建立

資料B

開皇二十(600)年、倭王の姓"アメ"、字"タリシヒコ"。号"オオキミ"が遣使して宮中にやって来た。お上(高祖)は所司(担当官)に命令して、その風俗を訪ねさせた。使者は「倭王は天を兄とし、日を弟として、天がまだ明けない時に出て政務を聴き、あぐらをかいて坐っています。日が出るとそれをやめ、我が弟に委ねようといいます」と言った。高祖は「これはあまりにも筋の通らないことだ」と言い、訓戒して倭王の行為を改めさせた。……

大業三(607)年、倭王"タリシヒコ"が遣使して朝貢してきた。……その国書には「太陽ののぼるところの国の天子が、太陽の沈むところの国の天子に手紙を差し上げます。……」と書かれていた。帝(煬帝)はこの国書をみて不機嫌になった。

資料C

① 和を以って貴しとなし、忤ふること無きを宗とせよ。
② 詔を承けては必ず謹め。君をば則ち天とし、臣をば則ち地とす。
③ 群卿百寮(注1)、礼を以って本と為よ。
④ 群卿百寮、早く朝り晏く退れよ。

(注1)群卿百寮:役人。

問1 **資料B**の指摘を受けて、**資料C**に反映されている条文を、**資料C**の①～④のうちから一つ選べ。

問2 **資料A～C**の資料を読み、当時のヤマト政権の情勢を記録した『日本書紀』について、**メモ**を作成した。メモの(**ア**)～(**ウ**)に入る文章の組合せとして**正しいもの**を、下の①～⑥のうちから一つ選べ。

メモ

589年に、隋が南北朝を統一し、高句麗などの周辺地域に進出しはじめると、東アジアは激動の時代を迎えた。推古天皇は即位後、第1回遣隋使の派遣を経て、(**ア**)し、厩戸王や渡来人との関係を深め、天皇家との関係を深めた蘇我馬子が協力して国家体制の整備を進めた。こうした中で、第2回遣隋使は、(**イ**)の外交方針となった。**資料B**の第1回遣隋使の派遣に関して、『日本書紀』には記載がない。その理由は、(**ウ**)に作成された歴史書としての特徴があるからではないか。

① **ア** 四天王寺を建立　**イ** 臣属しない形式　**ウ** 天皇の権威を確立するため
② **ア** 四天王寺を建立　**イ** 冊封を受ける形式　**ウ** 天皇家の系譜や伝承をまとめるため
③ **ア** 四天王寺を建立　**イ** 臣属しない形式　**ウ** 後世に正確な記録を残すため
④ **ア** 小墾田宮を建設　**イ** 冊封を受ける形式　**ウ** 後世に正確な記録を残すため
⑤ **ア** 小墾田宮を建設　**イ** 臣属しない形式　**ウ** 天皇の系譜や伝承をまとめるため
⑥ **ア** 小墾田宮を建設　**イ** 臣属しない形式　**ウ** 天皇の権威を確立するため

古代の土地制度の特徴や変遷について、それらに関する**資料A～C**を読み、**問1～3**に答えよ。

資料A

辛亥、太政官奏すらく、「頃者、百姓漸く多くして、田池窄狭なり。望み請ふらくは、天下に勧め課せて、田疇を開闢かしめん。其の新たに溝池を造り、開墾を営む者有らば、多少を限らず、給ひて三世に伝へしめん。若し旧き溝池を遂はば、其の一身に給せん」と。奏可す。

資料B 東大寺領越前国道守荘の絵図(左)と模式図(右)

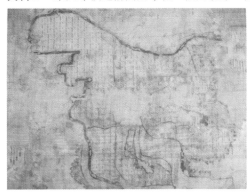
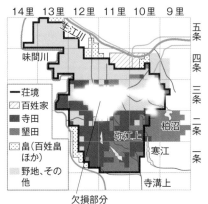

資料C

其の一に曰く、昔在の天皇等の立てたまへる子代の民、処々の屯倉、及び、別には臣・連・伴造・国造・村首の所有る部曲の民、処々の田荘を罷めよ。仍りて食封(注1)を大夫より以上に賜ふこと、各差有らむ。降りて布帛(注2)を以て、官人・百姓に賜ふこと、差有らむ。……
其の三に曰く、初めて戸籍・計帳・班田収授の法を造れ。凡そ五十戸を里と為し、里毎に長一人を置け。

(注1)食封:俸禄。　　(注2):布帛:麻や絹。

問1　**資料A・B**について述べた文**a～d**のうち、**正しいもの**の組合せを、下の①～⑥のうちから一つ選べ。

a　**資料A**から、百姓の人口が増加したため、田が狭くなってきているので、百姓らに開墾させようとしていることがわかる。

b　**資料A**から、かつて開墾された土地を、開墾した場合は、開墾地の多少にかかわらず三代目までの所有を許していることがわかる。

c　**資料B**から、東大寺が寺院付近を開墾させ、荘園を広げていることがわかる。

d　**資料B**から、荘園内には百姓家の土地はなく、周辺の百姓を利用していることがわかる。

①　**a・b**　　　②　**a・c**　　　③　**a・d**　　　④　**b・c**　　　⑤　**b・d**　　　⑥　**c・d**

問2　**資料C**に関して述べた文**X・Y**について、その正誤の組合せとして**正しいもの**を、下の①～④のうちから一つ選べ。

X　天皇が設けた土地以外は、すべて廃止することにした。

Y　戸籍などを作成するにあたり、里を五十戸で編成して里長を1人置くことにした。

①　**X―正　Y―正**　　　②　**X―正　Y―誤**　　　③　**X―誤　Y―正**　　　④　**X―誤　Y―誤**

問3　**資料A～C**を古いものから年代順に正しく配列したものを、次の①～⑥のうちから一つ選べ。

①　**A→B→C**　　　②　**A→C→B**　　　③　**B→A→C**

④　**B→C→A**　　　⑤　**C→A→B**　　　⑥　**C→B→A**

4 資料A～Cの仏像について、これに関するカードⅠ～Ⅲを作成した。、古代の仏像の特徴について、
問1～2に答えよ。

資料A

資料B

資料C

カードⅠ

光明皇后の母である橘三千代
の私的な礼拝に使用されたと
伝えられる金銅仏である。蓮
池から生じる蓮華の上に阿弥
陀如来像と観音・勢至の両菩
薩を表したもので、丸みをお
びた柔和な面立ちとなってい
る。

カードⅡ

中国の南朝の影響を受けてい
る。柔和な顔の表現で、片足
をもう一方の足の上に載せて
台座に座る姿勢となっている。
一本の木から作成し、釈迦が
悟りを求めて苦悩する姿、あ
るいは仏陀となることを約束
された修行中の弥勒菩薩の姿
を表現したものとされる。

カードⅢ

この世で幸福が、望めないな
らせめてあの世で極楽へとの
風潮の中つくられた阿弥陀如
来像である。複数の材木を組
み合わせることでひび割れを
防ぎ、重量を軽くし、工法の
分業化・統制化に寄与した。
背面には体から発せられる光
明を表現している。

問1 資料A～Cと特徴をまとめた**カードⅠ～Ⅲ**を組み合わせたうえ、古いものから時代順に並び変え
たものとして、**正しいもの**を、次の①～⑥のうちから一つ選べ。

① **A—Ⅰ → B—Ⅱ → C—Ⅲ**　　② **A—Ⅱ → B—Ⅰ → C—Ⅲ**

③ **B—Ⅱ → C—Ⅰ → A—Ⅲ**　　④ **B—Ⅲ → C—Ⅰ → A—Ⅱ**

⑤ **C—Ⅱ → A—Ⅰ → B—Ⅲ**　　⑥ **C—Ⅲ → A—Ⅱ → B—Ⅰ**

問2 資料A～Cの仏像に関して述べた文**X・Y**について、その正誤の組合せとして**正しいもの**を、下
の①～④のうちから一つ選べ。

X 資料A～Cの仏像は、いずれも作成する時の材料は木材だけである。

Y 資料A～Cの仏像は、いずれも末法思想の影響を受けた阿弥陀如来像である。

① **X—正　Y—正**　　② **X—正　Y—誤**　　③ **X—誤　Y—正**　　④ **X—誤　Y—誤**

2 中世

1 **資料A**は承久の乱後における地頭の収益について定めたものである。これを読み、**問1〜3**に答えよ。

資料A

> 去々年（きょきょねん）の兵乱以後、諸国の圧園郷保に補せらるる所の地頭、沙汰（さた）の条々
>
> 一　得分の事
>
> 　右、宣旨（注1）の状の如くば、仮令（たとい）、田畠各拾一町の内、十町は領家国司の分、一町は地頭の分、広博狭小（こうはくけいしょう）を嫌はず、此の率法を以て免給の上、加徴は段別に五升を充て行はるべしと云々。尤（もっと）も以て神妙（注2）。但し此の中、本自将軍家の御下知を帯し、地頭たるの輩（注3）の跡、没収の職として改補せらえるる所々に於いては、得分縦ひ減少すと雖も、今更加増の限りに非ず。是れ旧儀に依るべきの故なり。加之（しかのみならず）、新補の中、本司（注4）の跡、得分尋常の地に至っては、又以て成敗に及ばず。只得分無き所々を勘注し、宣下の旨を守って計らひ充てしむべきなり。……
>
> 　　　　貞応二年七月六日　　　　　　　　　前陸奥守判
>
> 　　　　相模守殿

(注1）宣旨：貞応2(1223)年6月15日付で朝廷側が出した宣旨のこと。　　(注2）神妙：妥当である。優れている。

(注3）将軍家の御下知を帯し、地頭たるの輩：源頼朝が出した書状で地頭に認められた者。

(注4）本司：もともとの下司（荘官）。

問1　**資料A**中の「前陸奥守」は、この時の執権である。この人物として**正しいもの**を、次の①〜④のうちから一つ選べ。

　① 北条時房　　　　② 北条義時　　　　③北条泰時　　　　④ 北条時頼

問2　**資料A**から読み取れる内容として**誤っているもの**を、次の①〜④のうちから一つ選べ。

　① **資料A**中の「去々年の争乱」とは、承久の乱である。

　② この**資料A**に先立って朝廷から出された宣旨を、優れていると評価している。

　③ 頼朝が新たに地頭を置く場合は、必ずこの法令に定められた収益が適用される。

　④ 元の荘官の収益が適当だった場合は、それの収益を踏襲する。

問3　**資料A**中の戦乱の前と後の地頭について、**カード**にまとめてみた。次の**a・b**から**カードⅠ**に、**c・d**から**カードⅢ**に入る文の組合せとして、**最も適当なもの**を、下の①〜④のうちから一つ選べ。

カードⅠ		カードⅡ		カードⅢ
	→	戦乱により、戦功のあった御家人が、新たに地頭に任命される。	→	

　a　荘園領主の中には年貢納入の確約と引き換えに地頭請所の契約を結ぶ者も多くなった。

　b　地頭の設置は平家没官領などに限られており、領主に対して年貢未納の地頭は罰せられた。

　c　畿内・西国でも東国武士が地頭に任じられ、現地の支配権をめぐる紛争が拡大した。

　d　荘園に関する紛争では、当時者間での解決が進み、現地の支配権は荘園領主の手に移っていった。

　①　カードⅠ—**a**　　カードⅢ—**c**　　　②　カードⅠ—**a**　　カードⅢ—**d**

　③　カードⅠ—**b**　　カードⅢ—**c**　　　④　カードⅠ—**b**　　カードⅢ—**d**

2　資料A～Cは、鎌倉時代の女性の地位について考えるために集めたものである。これについて、問1～2に答えよ。

資料A　御成敗式目

一　女人養子の事

　　右、法意（注1）の如くばこれを許さずと雖も、大将家御時以来当世に至るまで、其の子無き女人等、所領を養子に譲り与ふる事、不易の法勝計（注2）すべからず。加之、都鄙の例先蹤（注3）惟れ多し。評議の処尤も信用に足るか。

（注1）法意：律令の趣旨。

（注2）勝計：数えきれないほどある。

（注3）先蹤：前の人の事業の跡。前例。

資料C　鎌倉時代末期の土地相続

譲り渡す　所領の事
　　……
　　右、件の所々は、長快相伝の所帯なり。而るに次第の証文等を相ひ副へて、嫡子彦三郎通時に譲り与ふる所これ実なり。庶子等に相ひ分かつべしと雖も、分限狭小の間、相ひ分かたしむるに於いては、上の御大事に逢ふべからざるに依つて、通時一人に譲り渡すものなり。後々末代たりと雖も、長快の跡に於いては、子孫の中一人を以て相続せしむべし。……仍て譲状件の如し。

　　元徳二（1330）年三月十八日

　　　　　　　　　　　　沙弥長快（花押）

資料B　深妙尼から一族への相続の図

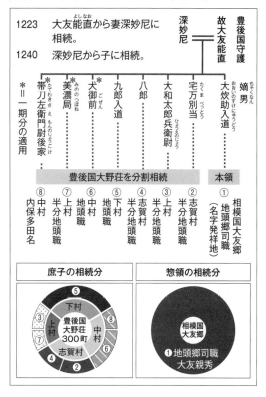

問1　**資料A・Bより読み取れる内容として、適当でないもの**を、次の①～④のうちから一つ選べ。

①　女人が養子をとることは、律令でも認めていた。

②　女人が所領を養子に譲ることは、全国でよくみられる例だった。

③　鎌倉時代には夫が亡くなると、妻に所領が相続されることがあった。

④　深妙尼の嫡男は、相模国大友郷をすべて相続し、庶子が豊後国大野荘を分割して相続した。

問2　**資料B・Cに関して、鎌倉時代の相続とそれにともなう社会の変化について述べた文a～dのうち、正しいものの組合せ**を、下の①～④のうちから一つ選べ。

a　鎌倉時代中期には、女性の相続について、一期分（本人一代限り）が適用されるようになった。

b　鎌倉時代中期には、すでに女性は土地を相続することができなくなっていた。

c　鎌倉時代末期には、所領が細分化しても、庶子に所領を与えることが大事とされた。

d　鎌倉時代末期には、子孫の中から1人の嫡子を選んで所領を単独相続させる例がみられる。

①　a・c　　　　　②　a・d　　　　　③　b・c　　　　　④　b・d

③ 資料A〜Cは、モンゴル襲来(蒙古襲来)とそれにともなう北条氏の権力拡大に関する資料である。これについて、**問1〜3**に答えよ。

資料A

蒙古人、対馬・壱岐に襲来し、軍兵を差し遣はさるる所なり。且^(注1)、九国^(注2)住人等、其の身は縦ひ御家人にあらずと雖も、軍功を致すの輩有らば、抽賞^(注3)せらるべきの由、普く告げ知らしむべきの状、仰せに依て執達件の如し。

　　　　文永十一年十一月一日

　　　　　　　　　　　　　　武蔵守

　　　　　　　　　　　　　　相模守^(注4)

　　大友兵庫頭入道殿^(注5)

(注1)且：とりあえず。　　(注2)九国：九州。

(注3)抽賞：多くの中からとくに優れた者を選び出して賞すること。

(注4)相模守：当時の執権。

(注5)大友兵庫頭入道：豊後国守護大友頼泰。

資料B　鎌倉時代の守護の設置数

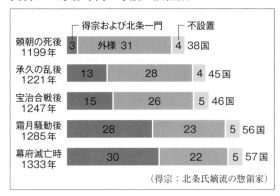

	得宗および北条一門		外様	不設置	
頼朝の死後 1199年	3		31	4	38国
承久の乱後 1221年	13		28	4	45国
宝治合戦後 1247年	15		26	5	46国
霜月騒動後 1285年	28		23	5	56国
幕府滅亡時 1333年	30		22	5	57国

（得宗：北条氏嫡流の惣領家）

資料C　北条氏の守護国

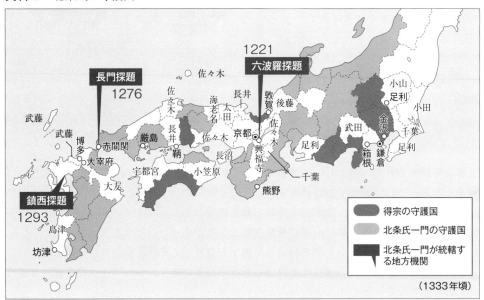

長門探題 1276
六波羅探題 1221
鎮西探題 1293

得宗の守護国
北条氏一門の守護国
北条氏一門が統轄する地方機関

（1333年頃）

問1 資料Aの内容を説明した文として、**誤っているもの**を、次の①〜④のうちから一つ選べ。

① 資料Aは、1度目の元寇の時に出されたものである。

② 九州の武士に対して、御家人でなくても兵を出すように命じている。

③ 御家人ではない武士でも、戦乱に参加すればすべての武士に恩賞を与えるとしている。

④ 資料Aは、当時の執権から豊後国の守護に出されている。

問2 資料Bについて述べた文（**a・b**）と資料Cについて述べた文（**c・d**）について、**正しいもの**の組合せを、下の①〜④のうちから一つ選べ。

a 鎌倉時代を通じて、すべての国に守護が設置されていたわけではなかった。

b 宝治合戦の頃に比べて、霜月騒動後は得宗および北条氏一門の守護設置国数が2倍以上になっている。

c 得宗の守護国は、九州地方の広い地域を占めていることがわかる。

d 資料Aのできごと以降、北条氏一門が統轄する地方機関が複数設置されたことがわかる。

① **a・c**　　　② **a・d**　　　③ **b・c**　　　④ **b・d**

問3 資料Aのできごとによって、鎌倉時代後期におこなわれた実質の政治体制を図で示したものとして、**正しいもの**を、次の①〜④のうちから一つ選べ。

①

②

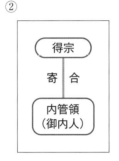

③

④

　資料Aは、平安末期につくられた『信貴山縁起絵巻』の「山崎長者の巻」の一場面である。**資料A**の円で囲まれた部分に描かれている搾油器（さくゆき）に着目し、あるクラスでⅠ～Ⅲ班に分かれ、関連する資料を集めて話し合った。これについて、**問１～４**に答えよ。

資料A

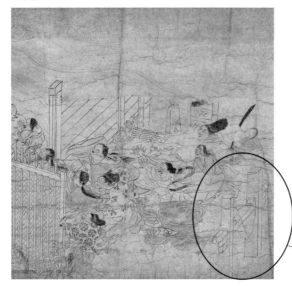

搾油器

資料B　管領が大山崎神人に特権を伝えた文書（現代語訳）

> （　**ア**　）に従属する大山崎の神人については、公事と土倉役が免除される。また、摂津国の道祖 小路（さいのしょうじ）・天王寺（てんのうじ）・木村（このむら）・住吉（すみよし）・遠里小野（おりおの）と近江国小秋に散在する土民たちが勝手に（　**イ**　）を売買しているとのことだが、今後、彼らの油器を破壊せよと、将軍が命令を下されている。以上のことを通知する。
>
> 応永４（1397）年５月26日

資料C　兵庫湊の北関の関銭収入の記録

> 文安２（1445）年に兵庫湊の北関を通過した1903隻の内、31隻は山崎胡麻船と呼ばれた。
>
> 山崎胡麻船の出航地
> （　**イ**　）1600石のうち
>
> | | | | |
> |---|---|---|---|
> | 播磨船上 | 10石 | 播磨那波 | 90石 |
> | 播磨中庄 | 110石 | 備前牛窓 | 330石 |
> | 備前番田 | 100石 | 讃岐塩飽 | 180石 |
> | 備中平山 | 80石 | 讃岐鶴箸 | 20石 |
> | 讃岐宇多津 | 40石 | 石讃岐観音寺 | 60石 |
> | 阿波別宮 | 45石 | | |
>
> （これらの国以外にも仕入れ先はあった）

資料D　京都周辺の流通路

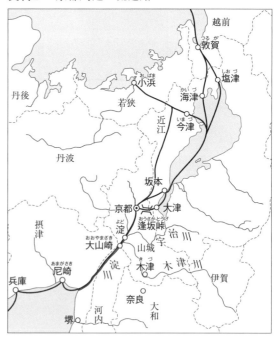

問1　Ⅰ班は、**資料A**に関連するものとして、**資料B**を発見した。（　ア　）〜（　イ　）に適する語の組合せとして**正しいもの**を、次の①〜④のうちから一つ選べ。なお、**資料C**中の（　イ　）には、**資料B**中の（　イ　）と同じ語句が入る。

① アー北野天満宮　　**イ**—楮　　② アー北野天満宮　　**イ**—荏胡麻

③ アー石清水八幡宮　　**イ**—楮　　④ アー石清水八幡宮　　**イ**—荏胡麻

問2　**資料B**の将軍とは誰か。次の①〜④のうちから一つ選べ。

① 足利義満　　　② 足利義持　　　③ 足利義教　　　④ 足利義政

問3　Ⅱ班では、**資料A〜D**より読み取れる情報を集めた。これについて述べた文として、**誤っているもの**を、次の①〜④のうちから一つ選べ。

① **資料A**より、遅くとも院政期には大山崎で搾油がおこなわれていたと考えられる。

② **資料B**より、大山崎の神人は公事と土倉役が免除され、将軍から油の専売権が認められていることがわかる。

③ **資料C**より、東日本各地で栽培された（　イ　）が、兵庫北関に集められたことがわかる。

④ **資料D**より、（　イ　）は兵庫から大山崎へ、淀川を利用して運ばれた可能性が高い。

問4　**資料E**は、鎌倉時代の成立した『春日権現験記』の一場面を抜き出したものである。Ⅲ班は、従来の資料に、新たにこの**資料E**を含めて大山崎で油がつくられた理由を考えた。この理由として**誤っているもの**を、下の①〜④のうちから一つ選べ。

資料E

① 兵庫湊からの舟運は利便性があり、需要がある京都などの大都市へ運搬しやすい。

② 京都や奈良には、朝廷や幕府、多くの寺院があり、夜間や室内での執務や写経がおこなわれたため、灯火用の油が求められた。

③ 大山崎は、淀川や木津川などの舟運によって、広範囲での油販売ができた。

④ 大山崎以外で原材料を入手することが困難であった。

3 近世

1 　資料**A**〜**C**は江戸時代に使用されていた農具である。これについて、**問1**〜**5**に答えよ。

資料**A**　　　　　　　　　　　資料**B**　　　　　　　　　　　資料**C**

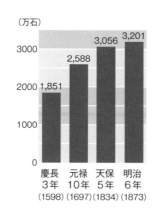

問1　次の説明文**X**・**Y**は資料**A**〜**C**のいずれかを説明したものである。説明文と資料の組合せとして**正しいもの**を、下の①〜⑥のうちから一つ選べ。

　X　この農具は籾から玄米を選別する農具である。殻粒の大きさでふるい分ける。

　Y　この農具は稲穂から籾を取り外す道具である。従来の扱箸に比べて能率が倍増した。

① 　**X**—**A**　　　**Y**—**B**　　　　② 　**X**—**A**　　　**Y**—**C**　　　　③ 　**X**—**B**　　　**Y**—**A**

④ 　**X**—**B**　　　**Y**—**C**　　　　⑤ 　**X**—**C**　　　**Y**—**A**　　　　⑥ 　**X**—**C**　　　**Y**—**B**

問2　米の収穫の工程において、資料**A**〜**C**の農具を使用する順番の組合せとして**正しいもの**を、次の①〜⑥のうちから一つ選べ。

① 　**A**→**B**→**C**　　　② 　**A**→**C**→**B**　　　③ 　**B**→**A**→**C**

④ 　**B**→**C**→**A**　　　⑤ 　**C**→**A**→**B**　　　⑥ 　**C**→**B**→**A**

問3　資料**D**・**E**は慶長期から明治期にかけての田畑面積の増加と石高の増加を示したものである。資料**D**・**E**に関して述べた文**X**・**Y**について、正誤の組合せとして**正しいもの**を、下の①〜④のうちから一つ選べ。

資料**D**　田畑面積の増加　　　　資料**E**　石高の増加

（万町歩）			
400			
300		297	305
200			
163.5			
100			
0	慶長年間（1596〜1615）	享保年間（1716〜36）	明治7年（1874）

（万石）				
3000		2,588	3,056	3,201
2000	1,851			
1000				
0	慶長3年（1598）	元禄10年（1697）	天保5年（1834）	明治6年（1873）

　X　享保年間の田畑面積は、慶長年間の2倍以上に増加している。

　Y　石高は慶長期と比較すると、元禄期には約1.4倍、天保期には約1.65倍に増加している。

① 　**X**—正　**Y**—正　　　② 　**X**—正　**Y**—誤　　　③ 　**X**—誤　**Y**—正　　　④ 　**X**—誤　**Y**—誤

問4 資料Fは武蔵川崎宿の名主田中丘隅が将軍吉宗に献じた意見書『民間省要』で、ここには肥料に関する意見が書かれている。**資料F**を読み、江戸時代の肥料について述べた文**a～d**について、**正しいものの組合せを、下の①～④のうちから一つ選べ。**

資料F 田中丘隅『民間省要』

> それ田地を作るの糞し、山により原に重なる所は、秣（注1）を専ら苅用て、田地を作るなれば、郷村第一秣場の次第を以て、其地の善悪を弁べし。近年段々新田新発になり尽して、草一本をば毛を抜くごとく大切にし、年中田地へ入るる程の秣たくわえ兼ねる村々有りし、……段々金を出して色々の肥しを買事世上に専ら多し、仍と国々所々に株場の公事絶えず。…其外里中の村々は山をもはなれ海へも遠く、一草を苅求むべきはなく、皆以て田耕地の中なれば始終金を出して糞しを買う。古へは干鰯一俵の直段金一両に五十俵、六十俵もしたるを、今は七、八俵にも売らず、……此享保子年から五六年の間の相場なり。
>
> （注1）秣：牛や馬の飼料となる草。

a 秣を牛馬に与え栄養価を高め、牛馬を用いた大型農具による新田開発が進んだ。

b 以前は干鰯が金1両で50俵から60俵も購入できたが、今は相場が上昇した。

c 肥料は刈敷や下肥が一般的であったが、江戸時代には干鰯などの金肥も普及した。

d 肥料の効果を記す農書として、17世紀前半には大蔵永常の『広益国産考』が出版された。

① **a・c** ② **a・d** ③ **b・c** ④ **b・d**

問5 田中丘隅は相模国を流れる酒匂川の治水事業にも尽力した。**資料G**は酒匂川の氾濫と治水に関する年表、**資料H**は酒匂川の治水事業を図示したものである。これらについて述べた文**X・Y**について、正誤の組合せとして**正しいものを、下の①～④のうちから一つ選べ。**

資料G

年	できごと
1609	小田原藩主大久保忠世、忠隣による三堤二岩を活かした河川改修
1707	富士山噴火。降灰による水位上昇で岩流瀬土手、大口土手が崩壊。
1725	8代将軍徳川吉宗、田中丘隅に復興を託す
1727	岩流瀬土手、大口土手の修復。治水神「禹王」を祀る
1734	再び決壊。死者39名

資料H

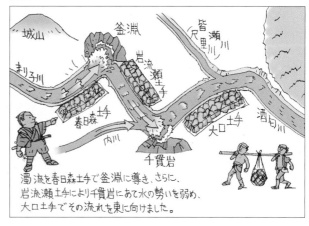

濁流を春日森土手で釜淵に導き、さらに、岩流瀬土手により千貫岩にあて水の勢いを弱め、大口土手でその流れを東に向けました。

X 工事では土手をつくって流れを誘導し、自然の崖に水をあて勢いを弱めた。

Y 田中丘隅による治水事業が完成し、以後酒匂川の氾濫はなくなった。

① **X―正 Y―正** ② **X―正 Y―誤** ③ **X―誤 Y―正** ④ **X―誤 Y―誤**

2 太郎君は学習活動で享保の改革について調べた。太郎君は2枚の**カードⅠ・Ⅱ**をつくり、**資料A・B**を集めた。これについて、**問1〜4**に答えよ。

カードⅠ

8代将軍　徳川吉宗
（在職1716〜45年）
・享保の改革で財政再建と幕政全般の再編に取り組んだ。

カードⅡ

1722年、吉宗は大名に1万石につき米100石の献納を命じた。その代償として参勤交代を緩和したが、1731年に廃止した。

資料A　幕領の石高と年貢収入

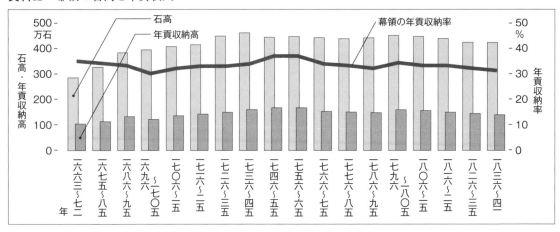

資料B　武蔵野新田の地割

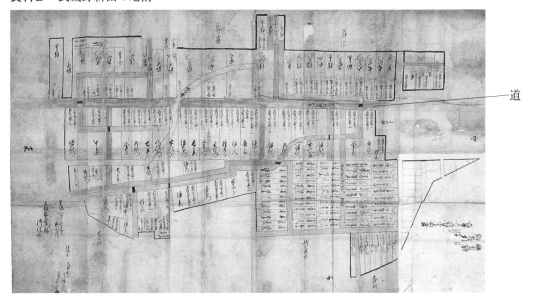

道

問1 太郎君の**カード**や**資料A**から読み取れることを述べた文 **a～d** について、**正しいもの**の組合せを、下の①～④のうちから一つ選べ。

a 1663年から1672年の10年間の石高と年貢収納高はいずれも最も低い。

b カードⅡの政策により、一時的に年貢収納高は上昇したが、廃止されると急激に減少した。

c 1686年から1695年の10年間は、平均の年貢収納高が約130万石であり、1663年から1672年の10年間と比較すると増加しているが、年貢収納率は減少した。

d 徳川吉宗が将軍であった時期が、年貢収納率が最も上昇しており、将軍職を降りた後は年貢収納率が減少し続けている。

① **a・c**　　　② **a・d**　　　③ **b・c**　　　④ **b・d**

問2 太郎君はさらに享保の改革について、5枚のカードをつくった。しかし、1枚だけ異なる改革の政策が混じってしまった。異なる改革のカードを次の①～⑤のうちから一つ選べ。

①

> 実学を重視し、キリスト教以外の漢訳洋書の輸入制限を緩和した。

②

> 評定所の前に目安箱を設置し、庶民の意見を反映させて小石川養生所を設置した。

③

> 江戸の治安対策と授産更生の場として、江戸石川島に人足寄場を設置した。

④

> 江戸の都市政策として火除地や広小路を設置し、町火消「いろは」47組を結成した。

⑤

> 大岡忠相らが中心となり裁判の基準となる公事方御定書を編纂した。

問3 **資料B**はこの時期に開発された武蔵野新田の地割を示した絵図である。これに関して述べた文 **X・Y** について、正誤の組合せとして**正しいもの**を、下の①～④のうちから一つ選べ。

X 各耕地はすべて同じ大きさに統一されている。

Y 短冊状に区画された耕地を挟んで、真っすぐな道がつくられている。

① **X—正　Y—正**　　② **X—正　Y—誤**　　③ **X—誤　Y—正**　　④ **X—誤　Y—誤**

問4 **資料C**は江戸時代の本百姓を生産高で分類したものである。**資料C**に関して述べた文 **X・Y** について、正誤の組合せとして**正しいもの**を、下の①～④のうちから一つ選べ。

資料C

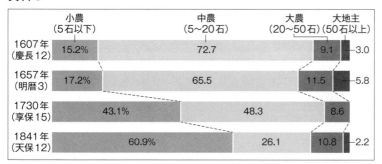

	小農 (5石以下)	中農 (5～20石)	大農 (20～50石)	大地主 (50石以上)
1607年 (慶長12)	15.2%	72.7	9.1	3.0
1657年 (明暦3)	17.2%	65.5	11.5	5.8
1730年 (享保15)	43.1%	48.3	8.6	
1841年 (天保12)	60.9%	26.1	10.8	2.2

X 慶長期は7割以上を中農が占めていたが、天保期の中農の割合は慶長期の3分の1以下に減少した。

Y 小農の割合は慶長期から明暦期は微増であったが、享保期には明暦期の約2.5倍に増加した。

① **X—正　Y—正**　　② **X—正　Y—誤**　　③ **X—誤　Y—正**　　④ **X—誤　Y—誤**

3 **資料A**は、遠藤周作が17世紀の日本を描いた歴史小説『沈黙』の一部である。**資料A**を読み、**問1**
〜3に答えよ。

資料A

> ……黎明のほのかな光。光はむき出しになった司祭の鶏のような首と鎖骨の浮いた肩にさした。司祭
> は両手で（　ア　）をもちあげ、顔に近づけた。人々の多くの足に踏まれたその顔に自分の顔を押し当
> てたかった。（　ア　）のなかのあの人は多くの人間に踏まれたために摩滅し、凹んだまま司祭を悲し
> げな眼差しで見つめている。……
> 　「ああ」と司祭は震えた。「痛い」
> 　「ほんの形だけのことだ。形などどうでもいいことではないか」通辞(注1)は興奮し、せいていた。
> …司祭は足をあげた。足に鈍い重い痛みを感じた。（　イ　）
> 　……その時、踏むがいいと銅板のあの人は司祭にむかって言った。踏むがいい。お前の足の痛さを
> この私が一番よく知っている。踏むがいい。私はお前たちに踏まれるため、この世に生まれ、お前た
> ちの痛さを分かつために十字架を背負ったのだ。
> 　こうして司祭が（　ア　）に足をかけた時、朝が来た。鶏が遠くで鳴いた。
> (注1) 通辞：通訳。

問1　**資料A**の（　ア　）と（　イ　）に当てはまる語句や文章の組合せとして**正しいもの**を、次の①〜④
のうちから一つ選べ。
① ア—踏絵　　　イ—それは形だけのことではなかった。
② ア—踏絵　　　イ—それは形だけのことで心は折れなかった。
③ ア—日本刀　　イ—それは形だけのことではなかった。
④ ア—日本刀　　イ—それは形だけのことで心は折れなかった。

問2　**資料A**から読み取ることができる内容や江戸時代の禁教政策に関して述べた文**a〜d**について、
正しいものの組合せを、下の①〜④のうちから一つ選べ。
a　文中に登場する「司祭」とは外国人である。
b　文中に登場する「あの人」とは司祭の目の前で拷問を受けている信者である。
c　江戸幕府は当初大名らの入信を許可制にし、その直後バテレン追放令を出した。
d　将軍が徳川秀忠の時代には、長崎で宣教師・信者ら55名が処刑された。
① 　a・c　　　　② 　a・d　　　　③ 　b・c　　　　④ 　b・d

問3　**資料B**は布教を目的として来日したイタリア人宣教師シドッチに関する記事である。切支丹屋敷
にて新井白石はシドッチを尋問し、西洋研究書『西洋紀聞』を完成させた。**資料B**に関する文**X・**
Yについて、正誤の組合せとして**正しいもの**を、下の①〜④のうちから一つ選べ。

資料B　『産経新聞』2016年4月4日付け記事(共同通信配信)

> 「発掘の遺骨シドッチ師か」
> 　キリスト教が厳しく禁止されていた江戸時代に、日本に渡ってきた外国人宣教師らが収容されてい
> た東京都文京区の「切支丹屋敷」跡地の発掘調査で出土した遺骨が、1708年に屋久島に上陸して
> 幕府に捕らえられ、「最後のバテレン」と称されるイタリア人宣教師シドッチのものとみられるこ
> とが4日分かった。文京区などが発表した。

X　日本の禁教政策は海外に周知されておらず、シドッチのように知らずに来日することがあった。
Y　新井白石はシドッチを尋問し、鎖国体制強化のために海舶互市新例を出した。
① 　X—正　Y—正　　　② 　X—正　Y—誤　　　③ 　X—誤　Y—正　　　④ 　X—誤　Y—誤

4 資料A〜Cは江戸時代の天明期から明治初期までの私塾・寺子屋に関する資料である。これについて、**問1**に答えよ。

資料A 私塾・寺子屋の数

府県名	種別	総数	女経営主
東京	私塾	122	3
	寺子屋	488	53
京都	私塾	34	
	寺子屋	566	9
大阪	私塾	20	
	寺子屋	778	5
神奈川	私塾	11	
	寺子屋	505	7
兵庫	私塾	52	
	寺子屋	821	10
長崎	私塾	51	1
	寺子屋	188	2
愛知	私塾	43	
	寺子屋	976	8
岡山	私塾	144	
	寺子屋	1031	14
熊本	私塾	45	
	寺子屋	909	15

(資料A〜Cいずれも菅野則子「寺子屋と女師匠」より)

資料B 女経営主の身分（地域別）

	府県名	士族	僧侶	平民	町人	農民	商人	不明	合計
私塾	東京	3							3
	長崎	1							1
寺子屋	東京	16		37					53
	京都			2	1	2		4	9
	大阪		1	4					5
	神奈川	1		1		3		2	7
	兵庫	1		8		1			10
	長崎	1							1
	愛知		1	5		1		1	8
	岡山	4		4		2	3		14
	熊本	13		2					15

資料C 寺子屋の女経営主の身分別人数（全国、176名）

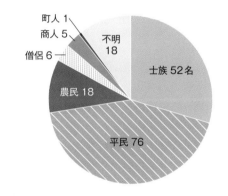

町人 1
商人 5
僧侶 6
農民 18
平民 76
士族 52名
不明 18

問1 資料A〜Cから読み取れる**内容Ⅰ・Ⅱ**の説明文**X・Y**について、正誤の組合せとして**正しいもの**を、下の①〜④のうちからそれぞれ一つ選べ。

内容Ⅰ

X 東京では寺子屋の1割以上が女経営主が運営するもので占められている。

Y 江戸時代の三都は他県を圧倒する私塾・寺子屋の件数を有している。

① **X**—正　　**Y**—正　　② **X**—正　　**Y**—誤
③ **X**—誤　　**Y**—正　　④ **X**—誤　　**Y**—誤

内容Ⅱ

X 女経営主の身分は、他府県に比べて東京と熊本では士族出身者が多い。

Y 明治時代でも身分格差は解消せず、女経営主では高い身分の者が半数を占めている。

① **X**—正　　**Y**—正　　② **X**—正　　**Y**—誤
③ **X**—誤　　**Y**—正　　④ **X**—誤　　**Y**—誤

4 近代・現代

1 　資料**A**・**B**は、いずれも1880年以降に発行された紙幣である。資料**A**・**B**を読み取り、資料**C**の年表を参考にして、**問1～3**に答えよ。

資料A

此券引かへに銀貨拾圓相渡可申候也

資料B

此券引換ニ金貨拾圓相渡可申候也

資料C

年	できごと
1881	松方財政開始(紙幣整理など)
1882	日本銀行設立
1884	兌換銀行券条例布告
1885	銀兌換銀行券の発行(銀本位制)
1895	下関条約(賠償金獲得)
1897	貨幣法公布(金本位制)
1899	金兌換銀行券の発行 政府紙幣・国立銀行紙幣通用停止

問1　資料**A**・**B**から読み取れる説明文**X**・**Y**について、正誤の組合せとして**正しいもの**を、下の①～④のうちから一つ選べ。

X　資料**A**・**B**の紙幣は、いずれも日本銀行が発行した10円紙幣である。

Y　資料**A**・**B**の紙幣は、いずれも1884年に発行された兌換紙幣である。

①　**X**—正　**Y**—正　　②　**X**—正　**Y**—誤　　③　**X**—誤　**Y**—正　　④　**X**—誤　**Y**—誤

問2　資料**A**・**B**について述べた文**a～d**のうち、**正しいもの**の組合せを、下の①～④のうちから一つ選べ。

a　資料**A**の紙幣は、銀貨と交換できたうえ、金貨とも交換できた。

b　資料**A**の紙幣は、銀本位制の採用により発行できた。

c　資料**B**の紙幣は、金本位制の確立により発行できた。

d　資料**B**の紙幣は、資料**A**の紙幣の発行から10年後に初めて発行された。

①　**a・c**　　　②　**a・d**　　　③　**b・c**　　　④　**b・d**

問3　資料**A～C**を参考に、この時期に発行された紙幣についての記述として、**誤っているもの**を、次の①～④のうちから一つ選べ。

①　資料**A**の紙幣は、日本銀行設立後から5年以内に発行された。

②　資料**A**の紙幣は、その図柄から「大黒札」と呼ばれた。

③　資料**B**の紙幣が発行された要因には、日清戦争の勝利が挙げられる。

④　資料**B**の紙幣が発行される以前に、不換紙幣の流通は止められていた。

2 資料Aは、初期議会における政党の勢力分野の変遷を示した円グラフである。資料Bは、初期議会の変遷についての記述である。資料A・Bを参考にして、問1～3に答えよ。

資料A

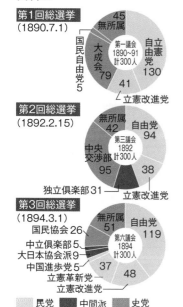

第1回総選挙
(1890.7.1)

第一議会
1890～91
計300人

自立憲由党 130
立憲改進党 41
大成会 79
国民自由党 5
無所属 45

第2回総選挙
(1892.2.15)

第三議会
1892
計300人

自由党 94
立憲改進党 38
独立倶楽部 31
中央交渉部 95
無所属 42

第3回総選挙
(1894.3.1)

第六議会
1894
計300人

自由党 119
立憲改進党 48
立憲革新党 37
中国進歩党 5
大日本協会派 9
中立倶楽部 5
国民協会 26
無所属 51

■ 民党　■ 中間派　■ 史党

資料B

憲法発布直後に〔 i 〕首相が、政府の政策は政党の意向に左右されない超然主義の立場を声明していた。1890年の日本最初の衆議院議員総選挙では、旧民権派が大勝し、第1回帝国議会では（ ア ）と（ イ ）等の民党が衆議院の過半数を占めた。

第一議会において、超然主義をとる第1次〔 ii 〕内閣は、予算問題で政費節減・民力休養を主張する民党に攻撃されたが、（ ア ）の一部を切り崩して予算を成立させた。第二議会では、第1次〔 iii 〕内閣が民党と衝突し、衆議院を解散した。1892年の第2回総選挙に際して、政府は激しい選挙干渉を行ったが、【 X 】、第三議会終了後に退陣した。

次の「元勲総出」の第2次〔 iv 〕内閣は、民党第一党の（ ウ ）と接近し、1893年に天皇の詔書もあり海軍軍備の拡張に成功した。しかし、政府と（ ウ ）の接近に反発する（ イ ）など民党は、かつての吏党（ エ ）と連合して条約改正問題で政府を攻撃するなど、政府と衆議院は対立を繰り返した。

問1 資料Aを参考に、資料Bの（ ア ）と（ エ ）に入る政党名について、**正しいもの**の組合せを、次の①～⑥のうちから一つ選べ。

① アー自由党　　　　エー立憲改進党
② アー自由党　　　　エー立憲自由党
③ アー自由党　　　　エー国民協会
④ アー立憲自由党　　エー立憲改進党
⑤ アー立憲自由党　　エー国民協会
⑥ アー立憲自由党　　エー自由党

問2 次の資料Cは、この時期のある首相がおこなった施政方針演説である。これについて述べた文a～dのうち、**正しいもの**の組合せを、下の①～④のうちから一つ選べ。

資料C

予算中ニ就キマシテ 最（もっとも）歳出ノ大部分ヲ占メルモノハ、即（すなわち）陸海軍ノ経費デ御座イマス。……蓋（けだし）国家独立自衛ノ道ニ二途アリ。第一ニ主権線ヲ守禦（しゅぎょ）スルコト、第二ニハ利益線ヲ保護スルコトデアル。其ノ主権線トハ国ノ疆域（きょういき）ヲ謂（い）ヒ、⒜利益線トハ其ノ主権線ノ安危ニ、密着ノ関係アル区域ヲ申シタノデアル。……即予算ニ掲ゲタルヤウニ、巨大ノ金額ヲ割イテ、陸海軍ノ経費ニ充ツルモ、亦（また）此ノ趣意ニ外ナラヌコトト存ジマス。寔（まこと）ニ是ハ止ムヲ得ザル必要ノ経費デアル。

a この施政方針演説をおこなったのは、資料Bの〔 ii 〕首相である。
b この施政方針演説をおこなったのは、資料Bの〔 iv 〕首相である。
c 資料Cの下線部⒜の「利益線」とは、満州のことである。
d 資料Cの下線部⒜の「利益線」とは、朝鮮半島のことである。

① a・c　　　　② a・d　　　　③ b・c　　　　④ b・d

問3 資料Bの【 X 】に入る文章について、資料Aを参考に、**最も適当なもの**を、次の①～④のうちから一つ選べ。

① 民党が過半数を確保し
② 吏党が過半数を確保し
③ 民党と吏党が同数となり
④ 民党も吏党も単独で過半数を得られず

3 **資料A**は、1886年に出版された小説の冒頭である。作者は、自由民権運動に身を投じ、東京曙新聞の編集長として1875年の讒謗律や新聞紙条例の制定について反対する投書を掲載し、最初の違反者となった。その後、国会開設の勅諭が出されると、同年に結党した政党に属するなど、国会開設の啓蒙活動に尽力した。**資料A**を読み、**問1〜4**に答えよ。

資料A

> 何処でか大層大砲が鳴て、ソシテ喇叭の声が聞え升が何事ですかネ「⒜今日は丁度明治一百七十三年三月三日で国会の祝日では御座らぬか「左様左様 ソシテ本年度の議事院(国会)も今日開会に為るとか聞ましたが丁度一百五十年の祝日に当り何よりお目出たきことさ　天皇陛下も群臣を率て議場へ御臨幸になると云ふことですから。定て上下両院の議員は盛な儀式を備て　陛下を奉迎し万歳を祝する事で御坐らふ「お互に此繁栄の世の中に生れ安楽に老年を過すのは誠に仕合な事で御坐　此四方四里余りの東京は一面に（　ア　）の高楼となり（　イ　）は蛛の巣を張るが如く　汽車は八方に往来し路上の（　ウ　）はさながら白昼に異らず……天皇陛下が聖明の君主にましまし　夙に立憲政体を立るの聖詔を下し遂に明治廿三年の本月本日に国会を設立し給ひしより　次第に世運も進歩して今の様に成たのだから　御互に子々孫々迄皇室に忠義を尽さねば成ぬ訳サ「誠に君の仰の通に相違ない去乍ら私が幼少の時分祖父などから聞て居るには　⒝明治十三四年の頃には政府と人民のに種々の軋轢があり　⒞十六七年より八九年に掛ては世間が大不景気で民間に政事思想がなくなって仕舞たト云ふ。

問1　2人の人物が会話している**資料A**の冒頭部分の下線部⒜を参考に、この場面の時代設定（**X**）と国会の開設年（**Y**）について、**正しいもの**の組合せを、次の①〜④のうちから一つ選べ。

①　X—2040年　　　Y—明治23年　　　　②　X—2040年　　　Y—明治24年

③　X—2041年　　　Y—明治23年　　　　④　X—2041年　　　Y—明治24年

問2　**資料A**の（　ア　）〜（　ウ　）には文明開化の象徴がそれぞれ入る。（　ア　）〜（　ウ　）に入る語について、**最も適当な組合せ**を、次の①〜⑥のうちから一つ選べ。

①　ア—電気灯　　イ—煉瓦　　　ウ—電信　　　　②　ア—電気灯　　イ—電信　　　ウ—煉瓦

③　ア—電信　　　イ—電気灯　　ウ—煉瓦　　　　④　ア—電信　　　イ—煉瓦　　　ウ—電気灯

⑤　ア—煉瓦　　　イ—電気灯　　ウ—電信　　　　⑥　ア—煉瓦　　　イ—電信　　　ウ—電気灯

問3　**資料A**の下線部⒝と下線部⒞に関する説明文**X・Y**について、正誤の組合せとして**正しいもの**を、下の①〜④のうちから一つ選べ。

X（下線部⒝の具体的説明文）

　　政府は言論を直接弾圧する法規を制定して、民権運動家たちの反政府攻撃を取り締まった。

Y（下線部⒞の具体的説明文）

　　政府のデフレ政策は、米・繭などの価格を暴落させ、小作農に転落する者も増えた。

①　X—正　Y—正　　　　②　X—正　Y—誤　　　　③　X—誤　Y—正　　　　④　X—誤　Y—誤

問4　**資料A**の小説のジャンルについての説明文として、**最も適当なもの**を、次の①〜④のうちから一つ選べ。

①　江戸後期からの影響を受けた遊戯本で、勧善懲悪主義が基本となった。

②　戯作や勧善懲悪を排除し、写実的に描写する小説で、近代文学の出発点となった。

③　政治思想の宣伝や啓蒙を目的とした小説で、自由民権運動期に多く書かれた。

④　自然科学の影響を受けた小説で、人間生活の観察などを重視した。

4 　資料**A**はある総理大臣が書いた日記で、**資料B**は明治以降の選挙制度の変遷を示した図である。**資料A・B**を参考に、**問1～3**に答えよ。

資料A

> 　漸次に選挙権を拡張する事は何等異議なき処にして、又他年国情ここに至れば、所謂普通選挙も左まで憂ふべきにも非ざれども、階級制度打破と云ふが如き、現在の社会組織に向かって打撃を試みんとする趣旨より、納税資格を撤廃すと云ふが如きは、実に危険極る次第にて、此の民衆の強要に因り現代組織を破壊する様の勢を作らば、実に国家の基礎を危うするものなれば、寧ろ此際、議会を解散して政界の一新を計るの外なきかと思ふ。

資料B

公布年	公布時の内閣	実施年	選挙人				
			直接国税	性別年齢（歳以上）	総数（万人）	全人口比（％）	
1889	黒田清隆	1890	15円以上	男性25	45	1.1	……Ⅰ
1900	山県有朋	1902	10円以上	〃	98	2.2	……Ⅱ
1919	原　敬	1920	3円以上	〃	306	5.5	……Ⅲ
1925	加藤高明	1928	制限なし	〃	1,240	20.8	……Ⅳ
1945	幣原喜重郎	1946	〃	男女20	3,688	50.4	……Ⅴ

問1　資料**A**を書いた人物は、**資料B**のⅠ～Ⅴのいずれの時期の総理大臣か。**正しいもの**を、次の①～⑤のうちから一つ選べ。

①　Ⅰ　　　　②　Ⅱ　　　　③　Ⅲ　　　　④　Ⅳ　　　　⑤　Ⅴ

問2　**資料B**に関する説明文**X・Y**について、正誤の組合せとして**正しいもの**を、下の①～④のうちから一つ選べ。

　X　ⅠからⅡの時期になり、直接国税納入資格が5円下げられたため、選挙人総数は2倍以上となった。

　Y　ⅢからⅣの時期にかけ、全人口の増加は100万人に満たなかったが、直接国税納入の制限が撤廃されたため、選挙人総数は900万人以上も増えた。

①　**X**—正　**Y**—正　　　②　**X**—正　**Y**—誤　　　③　**X**—誤　**Y**—正　　　④　**X**—誤　**Y**—誤

問3　次のア～ウは、**資料B**のいずれかの時期の選挙ポスターや風刺画である。時期の順序の組合せとして**正しいもの**を、下の①～⑥のうちから一つ選べ。

ア　　　　　　　　　　　　　イ　　　　　　　　　　　　　ウ

①　ア→イ→ウ　　　②　ア→ウ→イ　　　③　イ→ア→ウ

④　イ→ウ→ア　　　⑤　ウ→ア→イ　　　⑥　ウ→イ→ア

5 明治の教育制度について、**資料A・B**を参考に、**問1～4**に答えよ。

資料A

明治五年八月第二百拾四号ヲ以テ布告候学制相廃シ更ニ教育令別冊ノ通相定候条此旨布告候事 （別冊） 第三条　小学校ハ普通ノ教育ヲ児童ニ授クル所ニシテ其学科ヲ読書習字算術地理歴史修身等ノ初歩ト 　　　ス……女子ノ為ニハ裁縫等ノ科ヲ設クヘシ 第十三条　凡児童六年ヨリ十四年ニ至ル八箇年ヲ以テ学齢トス 第十四条　凡児童学齢間少クトモ十六箇月ハ普通教育ヲ受クヘシ 第十五条　学齢児童ヲ就学セシムルハ父母及後見人等ノ責任タルヘシ

問1　**資料A**は、明治前期に政府が出した教育制度に関する法令である。**資料A**の説明文として、**正しいもの**を、次の①～④のうちから一つ選べ。
①　この法令は教育令と呼ばれ、明治5年に布告された。
②　小学校の学齢期間は、6歳から8歳までとした。
③　義務教育期間は、1年4カ月と定めた。
④　女子教育については、定められていない。

問2　**資料B**は、明治時代の教育制度をグラフ化したものである。また、小学校令とその後に出された3つの小学校令改正令の資料を記した**カードⅠ～Ⅳ**を作成した。この4枚の**カード**を年代順に並べた時、**資料B**の**イ**と**ウ**の時期に当てはまる組合せとして**正しいもの**を、①～⑫のうちから一つ選べ。

資料B

		1	2	3	4	5	6	7	8	9年	
i	1872年 学制公布	下等小学校			上等小学校						
	1881年 小学校教則綱領制定	初等科		中等科			高等科				
ii	1886年 小学校令公布	尋常小学校		高等小学校						……	ア
	1890年 小学校令改正	尋常小学校			高等小学校					……	イ
	1900年 小学校令改正	尋常小学校 （義務教育）			高等小学校					……	ウ
	1907年 小学校令改正	尋常小学校 （義務教育）					高等小学校				エ

カードⅠ

第五条　尋常小学校ノ教科ト高等小学校ノ教科
　　　　トヲ一校ニ併セ置クコトヲ得

第八条　尋常小学校ノ修業年限ハ三箇年又ハ四
　　　　箇年トシ高等小学校ノ修業年限ハ二箇年三箇
　　　　年又ハ四箇年トス

カードⅡ

第十八条　尋常小学校ノ修業年限ハ六箇年トス
　　　　　高等小学校ノ修業年限ハ二箇年トス但シ延長シ
　　　　　テ三箇年ト為スコトヲ得

カードⅢ

第一条　小学校ヲ分チテ高等尋常ノ二等トス

第三条　児童六年ヨリ十四年ニ至ル八箇年ヲ以
　　　　テ学齢トシ父母後見人等ハ其学齢児童ヲシテ
　　　　普通教育ヲ得セシムルノ義務アルモノトス

カードⅣ

第二条　小学校ハ之ヲ分テ尋常小学校及高等小
　　　　学校トス

第十八条　尋常小学校ノ修業年限ハ四箇年トシ
　　　　　高等小学校ノ修業年限ハ二箇年、三箇年又ハ
　　　　　四箇年トス

① イ―Ⅰ　　ウ―Ⅱ　　　② イ―Ⅰ　　ウ―Ⅲ　　　③ イ―Ⅰ　　ウ―Ⅳ

④ イ―Ⅱ　　ウ―Ⅰ　　　⑤ イ―Ⅱ　　ウ―Ⅲ　　　⑥ イ―Ⅱ　　ウ―Ⅳ

⑦ イ―Ⅲ　　ウ―Ⅰ　　　⑧ イ―Ⅲ　　ウ―Ⅱ　　　⑨ イ―Ⅲ　　ウ―Ⅳ

⑩ イ―Ⅳ　　ウ―Ⅰ　　　⑪ イ―Ⅳ　　ウ―Ⅱ　　　⑫ イ―Ⅳ　　ウ―Ⅲ

問3　資料**B**の**イ**の時期に関する説明文**X・Y**について、正誤の組合せとして**正しいもの**を、下の①～
　　④のうちから一つ選べ。

X　政府から忠君愛国が学校教育の基本であることが強調される中、義務教育期間の授業料が廃止さ
　　れたため、就学率は向上していった。

Y　経済面では生糸の輸出が半減するなど恐慌がおこったが、政治面では第1回衆議院議員総選挙が
　　おこなわれ、帝国議会も開会した。

①　**X**―正　**Y**―正　　　②　**X**―正　**Y**―誤　　　③　**X**―誤　**Y**―正　　　④　**X**―誤　**Y**―誤

問4　学校制度や大学に関する説明文**a～d**のうち、**正しいもの**の組合せを、下の①～④のうちから一
　　つ選べ。

a　資料**B**の**i**の法令の序文として出されたのが「被仰出書」である。

b　資料**B**の**ii**の法令の序文として出されたのが「被仰出書」である。

c　カード**Ⅲ**の法令が公布された時、東京大学は東京帝国大学に改称された。

d　カード**Ⅲ**の法令が公布された時、東京大学は帝国大学に改称された。

①　**a・c**　　　　②　**a・d**　　　　③　**b・c**　　　　④　**b・d**

6 資料**A**は、日本の米・英との開戦過程を示した年表である。資料**B**は日本の軍需物資の国別輸入額、資料**C**は主要資源の外国依存度を表したグラフである。資料**A**〜**C**をみて、問**1**〜**3**に答えよ。

資料A

年月	できごと
1939. 6	日本軍、英仏天津租界封鎖
7	日米通商航海条約廃棄通告
8	独ソ不可侵条約締結
1940. 5	独、オランダ侵入
6	独、パリ占領 米、工作機械の対日輸出許可制
7	米、石油・くず鉄の対日輸出許可制
9	日独伊三国同盟 米、くず鉄・鉄鋼の対日輸出禁止 日ソ中立条約締結
1941. 4	独ソ戦開始
12	日本、対米英宣戦布告

i

資料C

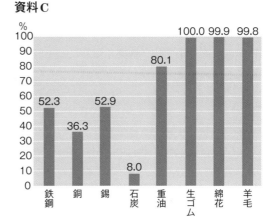

資料B

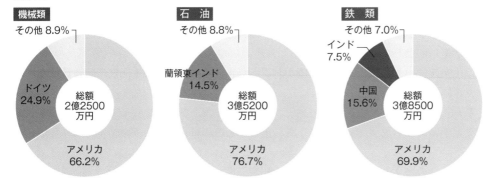

問1 資料**A**〜**C**から読み取れる内容として**正しいもの**を、次の①〜④のうちから一つ選べ。

① 日独伊三国同盟以降に、アメリカの日本に対する輸出制限が始まり、経済制裁が実施された。

② 軍需物資の国別輸入額をみると、機械類・石油・鉄類の5分の3以上をアメリカに依存している。

③ 軍需物資において総じて外国依存度が高いが、衣料の原材料に関しては輸入依存度が低い。

④ 石炭を液化する人造石油工業を進めたことから、石炭の需要が高まり外国依存度も高かった。

問2　資料Aのｉの時期のできごとの因果関係を説明するための３枚の**カードⅠ～Ⅲ**を作成した。次の
　　　a～dのうち、**カードⅠ**と**カードⅢ**に入る文の組合せとして、**最も適当なもの**を、下の①～④のう
　　　ちから一つ選べ。

カードⅠ　　　　　　　　　　**カードⅡ**　　　　　　　　　　**カードⅢ**

→

在米日本資産を凍結 米、対日石油禁輸措置

→

a　ソ満国境東部の張鼓峰で、ソ連軍と日本軍とが武力衝突した。

b　戦略物資調達のため、南部仏印に進駐した。

c　蔣介石への物資援助ルートを断ち切るため北部仏印に進駐した。

d　日米交渉が不調の場合、対米開戦することを決定した。

①　**カードⅠ—a**　　**カードⅢ—c**　　　②　**カードⅠ—a**　　**カードⅢ—d**

③　**カードⅠ—b**　　**カードⅢ—c**　　　④　**カードⅠ—b**　　**カードⅢ—d**

問3　対米英開戦後の事態の推移を、追加の**資料D・E**をみて考えた。**資料D**は御前会議における開戦
　　　後の物的国力の見通しに関する企画院の説明、**資料E**は太平洋戦争中における船舶保有量の推移で
　　　ある。**資料D・E**から読み取れる内容とその考察として考えられる文**X・Y**について、正誤の組
　　　合せとして**正しいもの**を、下の①～④のうちから一つ選べ。

資料D

対英米蘭戦争ニ進ミマシタ場合ニ於キマス
ル帝国国力特ニ重要物資ノ見透ニ関シマ
シテ其ノ概要ヲ申上ゲマス

第一ニ民需用トシテ常続的ニ最低300万総
噸ノ船舶保有ガ可能ナ場合ニ於キマシテ
ハ一部ノ物資ヲ除キ概ネ昭和十六年度物
資動員計画ノ供給量ヲ確保スルコトハ可
能ト存ジマス……

第二ニ消耗船舶ヲ年間100万総噸乃至80万
総噸ニ推定致シマス場合年平均60万総噸
内外ノ新造船ヲ確保デキマスナラバ前申
上ゲマシタ300万総噸ノ船舶保有ハ可能
ト存ジマス

資料E

（千トン）

年　　次	新増その 他の増	喪失その 他の減	差引増減	年　末 保有量
開戦時（1941.12.8）				6,384.0
1941年12月中	44.2	51.6	▲7.4	6,376.6
42	661.8	1,095.8	▲434.0	5,942.6
43	1,067.1	2,065.7	▲998.6	4,944.0
44	1,735.1	4,115.1	▲2,380.0	2,564.0
45年8月まで	465.0	1,502.1	▲1,037.1	1,526.9
敗戦時（1945.8.15）				1,526.9

X　米英との開戦後も、船舶の喪失などによる減少が年間100万から80万ト
　　　ン以内で、年平均60万トン程度の造船能力を確保して、最低300万トンの船舶を保有できれば、1941年度の重要物資を保持
　　　できると見積もり、日本は開戦を決断した。

Y　船舶の保有量は1941年がピークであり、年間の造船能力も60万トンを上回ることはなかったため、
　　　1944年には保有量が300万トンを下回った。このことから1944年には日本本土への戦略物資の輸送
　　　が途絶し、日本は戦争遂行が困難となった。

①　**X—正　Y—正**　　　②　**X—正　Y—誤**　　　③　**X—誤　Y—正**　　　④　**X—誤　Y—誤**

　日本は連合国との講和をめぐって、革新勢力や知識人層が厳正なる中立を保つべきと主張する「全面講和論」と政府や与党の主張する「単独講和論」に国論が分かれていた。**資料A**はこうした状況下で描かれた風刺画で、窓から顔を出した人物 **i** が「曲学阿世の徒」と学者をステッキで指し、学者が激怒する様子が描かれている。激怒している学者は、東京大学総長の南原繁である。**資料A**を参考に、**問1〜4**に答えよ。

資料A　　　　　**i**

「曲学阿世の徒」
（自己の学問を曲げて、
世間にこびへつらう者）

問1　資料Aの人物 **i** について調べてカードを作成した。人物 **i** の紹介として**正しいもの**を、次の①〜④のうちから一つ選べ。

①
> 戦前は外交官。鳩山一郎追放の後を受けて、1946年5月から54年12月まで日本自由党・民主自由党・自由党総裁を務めた。

②
> 弁護士として活躍。1930年の第2回普通選挙より無産政党議員として活動。戦後、日本社会党結成に加わった。

③
> 1915年より立憲政友会所属議員として活躍。文相時代に滝川事件に関係した。戦後、日本自由党を創設したが公職追放となった。

④
> 戦前に農商務省の官僚として出発。東条内閣の商工大臣となる。戦後、A級戦犯となるが不起訴。追放解除後には政界に復帰した。

問2　次の表をみて、**a〜d**に入る語句として、**ア〜エの最も適当なもの**の組合せを、①〜④のうちから一つ選べ。

表

	i	南原繁
主張	**a**	**b**
主張内容	**c**	**d**

		a	b	c	d
①		ア	イ	エ	ウ
②		イ	ア	エ	ウ
③		ア	イ	ウ	エ
④		イ	ア	ウ	エ

ア 単独講和論　　　　　　　　**イ** 全面講和論
ウ 交戦国すべてと講和すべき　**エ** 西側陣営とのみ講和すべき

問3 この後に締結された講和条約に関する文 **a～d** について、**正しいもの**の組合せを、下の①～④の
うちから一つ選べ。

a 講和条約締結により、朝鮮の独立、台湾・南樺太・千島列島の放棄が定められたが、南西諸島・
小笠原諸島は締結後すぐに日本に返還された。

b ソ連は講和会議には出席したが調印せず、インド・ビルマ（現ミャンマー）などは条約案への不満
から出席しなかった。

c この条約では、領土については日本に厳しい制限を加えたが、役務の賠償については一切触れら
れなかった。

d この講和条約の調印と同日、日米安全保障条約が締結され、この条約に基づいて翌年、日米行政
協定が締結された。

① **a・c**　　　② **a・d**　　　③ **b・c**　　　④ **b・d**

問4 資料Bを参考にして、人物 **i** が南原繁を「曲学阿世の徒」と批判した要因として考えられる記述
a～d について、**適当なもの**の組合せを、下の①～④のうちから一つ選べ。

資料B

年	できごと
1945	太平洋戦争の集結…アメリカによる単独占領 国際連合成立
1946	中国、国共内戦激化
1948	ソ連ベルリン封鎖 大韓民国、朝鮮民主主義人民共和国成立
1949	北大西洋条約機構成立 中華人民共和国成立
1950	中ソ友好同盟相互援助条約調印 朝鮮戦争（～53年）…アメリカと中国の対立
1951	サンフランシスコ講和会議

a 朝鮮戦争が継続する中において、交戦国同士であった中華人民共和国とアメリカを講和会議に招
くことなど不可能であるとの見解であったから。

b 日本のとるべき策は非武装中立であり、いかなる軍事同盟も結ぶべきではなく、安全保障を国際
連合に委ねるべきであるという見解であったから。

c 冷戦が激化する中において、日本は実質的にアメリカの単独占領下にあり、その経済援助に頼ら
ざるをえないという見解であったから。

d 国民に一定水準の生活を保障するためには、朝鮮・中国との貿易を確保する必要があるという見
解であったから。

① **a・c**　　　② **a・d**　　　③ **b・c**　　　④ **b・d**

8 　**資料A**は自衛隊創設当時に描かれた風刺画であり、着物を着た人物は吉田茂である。吉田茂が「国民経済」と書かれたフックに「自衛隊」の看板を掛けようとしている。その足元には、これより前に掛けられていたと推測される「保安隊」「予備隊」の看板が置かれている。また**資料B**は独立回復後の国内再編に関する年表である。**資料A・B**をみて、**問1～4**に答えよ。

資料A

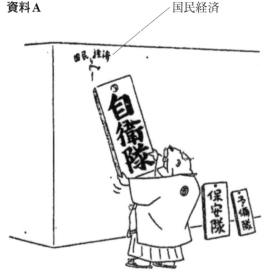

国民経済

資料B

年月	できごと
1950.6	朝鮮戦争勃発
1950.7	警察予備隊の創設
1952.3	サンフランシスコ平和条約の発効
1952.7	破壊活動防止法公布…暴力的破壊活動をおこなった団体の取締りを規定した
1952.10	警察予備隊を保安隊に改組
1954.3	MSA協定調印
1954.6	新警察法公布…警察の中央集権化を推進した
	教育二法公布…教員の政治活動抑制をねらった
1960.1	新安保条約調印

問1　**資料A**が描かれた背景を説明しようと、4枚のカードを用意した時、**資料B**を参考に、**正しいもの**を、次の①～④のうちから一つ選べ。

①
| 平和条約の発効 |

②
| MSA協定の調印 |

③
| 朝鮮戦争の勃発 |

④
| 新安保条約の調印 |

問2　**資料B**を参照して、独立回復後の国内再編についてまとめた。次の**まとめ**の文章の（　**ア**　）～（　**イ**　）に入る語句として、**最も適当なもの**の組合せを、下の①～④のうちから一つ選べ。

まとめ

1951年以降、第3次吉田内閣は、治安法制の整備、自衛力強化、（　**ア**　）を進めた。これらは、敗戦直後から進められてきた民主化政策を否定し、戦前・戦中への復古と捉えられたことから（　**イ**　）と呼ばれた。

①　**ア**―教育の自由化　　**イ**―レッドパージ　　　②　**ア**―教育の自由化　　**イ**―逆コース
③　**ア**―教育の統制　　　**イ**―レッドパージ　　　④　**ア**―教育の統制　　　**イ**―逆コース

問3 資料Cは吉田内閣の頃に撮影された写真で、資料Dは戦後の国際政治に関する年表である。資料Cが撮影された背景を説明した文X・Yについて、正誤の組合せとして**正しいもの**を、下の①〜④のうちから一つ選べ。

資料C

当店では原子マグロは買いません。乞ふ安心！！

資料D

年	できごと
1949	ソ連、原爆保有を公表
1952	米、世界最初の水爆実験成功
1953	ソ連、水爆実験成功
1954	第五福竜丸が被爆
1955	第1回原水爆禁止世界大会 アジア＝アフリカ会議
1962	キューバ危機
1963	部分的核実験禁止条約調印
1964	中華人民共和国、初の核実験
1965	米、北爆の開始
1968	核兵器拡散防止条約調印
1972	米ソ戦略兵器制限交渉に調印
1986	ソ連、ペレストロイカ開始
1987	米ソ、中距離核戦力全廃条約調印
1989	マルタ会談

X ソ連がマーシャル諸島のビキニ環礁で水爆実験をおこない、680隻を超える日本の漁船が被災した。

Y 焼津のマグロ漁船第五福竜丸が「死の灰」を浴び、乗組員が放射能症のため死亡した。

① **X**—正 **Y**—正　　② **X**—正 **Y**—誤　　③ **X**—誤 **Y**—正　　④ **X**—誤 **Y**—誤

問4 資料Dを参照して、資料C以降のできごとを説明した文Ⅰ〜Ⅲについて、古いものから年代順に**正しく配列したもの**を、下の①〜⑥のうちから一つ選べ。

Ⅰ 米ソ首脳が、2国の実戦用核兵器である中距離核戦力を全廃する中距離核戦力（INF）全廃条約に調印した。

Ⅱ 部分的核実験禁止条約が米・英・ソの3国で調印され、地下実験を除く大気圏内外と水中核実験が禁止された。

Ⅲ 杉並区の主婦が始めた原水爆禁止運動は急速に拡大し、広島で第1回原水爆禁止世界大会が開催され、核兵器反対の声を世界に発信した。

① Ⅰ→Ⅱ→Ⅲ　　② Ⅰ→Ⅲ→Ⅱ　　③ Ⅱ→Ⅰ→Ⅲ
④ Ⅱ→Ⅲ→Ⅰ　　⑤ Ⅲ→Ⅰ→Ⅱ　　⑥ Ⅲ→Ⅱ→Ⅰ

第3部　ヨミトリ Practice テーマ編

1 外国との交流史

1 3つの異なる時代の中国との貿易航路が示されている**資料A〜C**の地図をみて、**問1〜5**に答えよ。

資料A

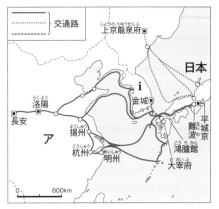

資料B

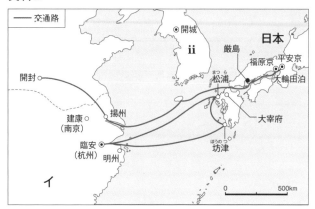

資料C

問1 資料**A〜C**の時代の中国の国名**ア〜ウ**について、正しいものの組合せを、次の①〜⑥のうちから一つ選べ。

① ア—唐 イ—明 ウ—宋
② ア—宋 イ—唐 ウ—明
③ ア—明 イ—宋 ウ—唐
④ ア—唐 イ—宋 ウ—明
⑤ ア—宋 イ—明 ウ—唐
⑥ ア—明 イ—唐 ウ—宋

問2 資料**A〜C**における朝鮮半島の国名**i〜iii**も時代にともない、変化している。朝鮮半島の国の説明文**X〜Z**のうち、**ii**と**iii**の国の説明について、**正しいもの**の組合せを、下の①〜⑥のうちから一つ選べ。

X 日本とは国交は開かなかったが、商人の往来はあった。その後、元の属国となり、蒙古襲来に参加している。

Y 朝鮮半島を統一したこの国は、日本と相互に遣使を送りあったが、日本がこの国を従属国として扱おうとしたため、時には緊張が生じた。

Z 日本と同様に倭寇の取り締まりに力を入れ、国交を開いた。この国は、日本との貿易のため、朝鮮半島に3つの港を開き、漢城に倭館を置いた。

① ii—X iii—Y　② ii—Y iii—X　③ ii—X iii—Z
④ ii—Z iii—X　⑤ ii—Y iii—Z　⑥ ii—Z iii—Y

問3 次の**資料D**は**資料B**の時代、**資料E**は**資料C**の時代の中国との貿易に関する資料である。これらを参考に、説明文**X・Y**について、正誤の**正しいもの**の組合せを、下の①〜④のうちから一つ選べ。

資料D

> 揚州の金（こがね）・荊州（けいしゅう）の珠（たま）・呉郡（ごぐん）の綾・蜀江（しょっこう）の錦、七珍万宝一つとして闕（かけ）たることなし。

資料E

> （嘉靖（かせい）二年六月）日本国夷人宗設謙導（そうせつけんどう）ら方物を齎（もたら）し来る。已（すで）にして瑞佐（ずいさ）・宋素卿（そうそけい）ら後れて至り、倶（とも）に浙の寧波（ニンポー）に泊まり、互いに真偽を争う。佐は設らに殺死され、素卿は慈谿（じけい）（注1）に竄（かく）る。火を縦（はな）って大いに掠（かす）め、指揮劉錦（りゅうきん）・袁璉（えんしん）を殺し、寧・紹（じゅうりん）（注2）の間を蹂躙して、遂に船を奪い海に出て去る。
>
> （注1）慈谿：中国の浙江省にある地名。　　（注2）寧・紹：寧波と紹興（浙江省にある地名）。

X　**資料B**の貿易を始めた当時の権力者は、この貿易で数々の貴重品を得て、権勢を誇示した。

Y　**資料C**の貿易は、徐々に幕府の統率が不十分となり、中国の港町で日本の大名と中国の商人による争いがおきた。

①　**X**—正　**Y**—正　　　②　**X**—正　**Y**—誤　　　③　**X**—誤　**Y**—正　　　④　**X**—誤　**Y**—誤

問4 **資料A**の貿易の中止を建議した人物について、**資料F**と**資料G**を使った説明文**a〜d**のうち、**正しいもの**の組合せを、下の①〜④のうちから一つ選べ。

資料F

資料G

a　物や人を略奪する倭寇の活動が活発化したため、この貿易の中止を建議した。

b　中国国内で反乱がおこり、航路も危険であったため、この貿易の中止を建議した。

c　この人物は、死後怨霊として恐れられ、そのことは**資料F**でも表されている。

d　**資料G**は怨霊をおさめる御霊会を初めておこなった神社で、この人物を祭神としている。

①　**a・c**　　　　②　**a・d**　　　　③　**b・c**　　　　④　**b・d**

問5 **資料B**と**資料C**の貿易について、**資料H**と**資料I**を使った説明文**a〜d**のうち、**正しいもの**の組合せを、下の①〜④のうちから一つ選べ。

資料H

資料I

a　**資料B**の貿易を推進した人物の一族が滅んだ際、その霊を弔うため**資料H**が建立された。

b　**資料B**の貿易を推進した人物は、**資料H**を信奉し、経典まで納めている。

c　**資料C**の貿易は、**資料I**を用いた朝貢形式で、中断なく続けられた。

d　**資料C**の貿易では、日本が中国から交付された**資料I**を持参することが義務付けられた。

①　**a・c**　　　　②　**a・d**　　　　③　**b・c**　　　　④　**b・d**

2 太郎君と花子さんは、九州に来航した西洋人を**カードⅠ～Ⅳ**にまとめてみた。これらを読み、**問1〜5**に答えよ。

カードⅠ

この人物は、ロシアから日本の漂流民を連れ、日本の港への入港証である信牌を持って、唯一の正式な貿易港に来航した。しかし、通商は拒否され、退去した。

カードⅡ

この人物は、豊後に漂着した船の水先案内人で、その後将軍に重用されて、日本名を名乗ったうえ、領地や屋敷地も与えられた。

カードⅢ

この人物は、アジアへのキリスト教布教を目的として来日した宣教師で、大名への布教も行った結果、洗礼を受けたキリシタン大名まで生まれた。

カードⅣ

この人物は、イエズス会の宣教師で、布教のため一人で島に潜入したが捕えられた。その後、江戸のキリシタン屋敷に監禁され、尋問を受けた。

問1 **カードⅠ～Ⅳ**の人物が、日本に最初に来た時期を時代順にカードを並べた時、**正しいもの**を、次の①～⑧のうちから一つ選べ。

① Ⅳ→Ⅰ→Ⅲ→Ⅱ   ② Ⅳ→Ⅰ→Ⅱ→Ⅲ   ③ Ⅰ→Ⅳ→Ⅱ→Ⅲ   ④ Ⅰ→Ⅳ→Ⅲ→Ⅱ
⑤ Ⅱ→Ⅲ→Ⅰ→Ⅳ   ⑥ Ⅱ→Ⅲ→Ⅳ→Ⅰ   ⑦ Ⅲ→Ⅱ→Ⅰ→Ⅳ   ⑧ Ⅲ→Ⅱ→Ⅳ→Ⅰ

問2 **資料A**は、**カードⅠ～Ⅳ**のいずれかの人物に関する資料である。この人物に関する説明文として、**誤っているもの**を、下の①～④のうちから一つ選べ。

資料A

この日儒官新井勘解由君美を小石川切支丹屋敷に遣はされ、天主教考察兼奉はる。……これは西洋いたりやの内ろうまといふ地のものにて、名をばよはん、ばつていすた、しろしてといふものなり。去年八月廿八日大隅国馭謨郡屋久島に、ただ一人、月代そり、衣刀もわが国の装して来しが、言語さらにわかたざるをもて、村民あやしみ、領主へうたへければ、松平薩摩守吉貴より長崎にをくりぬ。彼地の奉行等、阿蘭陀の人並びに訳官共して、其の来れる由を糾問せしめしに、天主教をこゝに施さんとて来る由なれど、さらに聞わかぬことのみ多きよし、奉行より聞え上たり。

① この人物を江戸で尋問した新井白石は、このことをもとに『西洋紀聞』『采覧異言』を著した。
② この人物は、布教のため、オランダの地から大隅国の屋久島に上陸した。
③ この人物は、日本人に似た格好で上陸したが、地元の人が怪しみ、長崎に送られた。
④ この人物は、長崎に送られた後、江戸ではキリシタン屋敷に監禁された。

問3 **資料B**は**カードⅠ～Ⅳ**のいずれかの人物に関する資料である。この人物に関する説明文**X・Y**について、正誤の組合せとして**正しいもの**を、①～④のうちから一つ選べ。

資料B

右の和蘭人中の一人を見んとて、召されたり。時に、此召しに応じて按鍼役（あんじんやく）「ウィルリアム・アダムス」を出したり。此者ハ英吉利の産にて和蘭の東印度公班衙（注1）に勤仕し、「クヮアケルトアク（注2）」の指麾を受けて「エラスミュス（注3）」に乗れるものなり。将軍、是に以西把尼亜（イスパニア）及波爾杜瓦爾（ポルトガル）のことを尋問あり。

(注1)公班衙：会社。　　(注2)クヮアケルトアク：リーフデ号の船長。
(注3)エラスミュス：リーフデ号の前名。

X 東インド会社に所属するオランダ人で、リーフデ号で豊後に漂着した。

Y 将軍徳川家光から様々な国の情報を提供して重用され、三浦按針の和名までもった。

① **X**—正　**Y**—正　　② **X**—正　**Y**—誤　　③ **X**—誤　**Y**—正　　④ **X**—誤　**Y**—誤

問4　カードⅠ〜Ⅳの人物が上陸した場所と、下の地図上の**ア〜エ**の組合せとして、**最も適当なもの**を、**資料A・B**も参考に、次の①〜⑫のうちから**二つ選べ**。

① Ⅰ—ア　　Ⅱ—イ

② Ⅰ—イ　　Ⅱ—ア

③ Ⅰ—ア　　Ⅱ—ウ

④ Ⅰ—ウ　　Ⅱ—ア

⑤ Ⅰ—ア　　Ⅱ—エ

⑥ Ⅰ—エ　　Ⅱ—ア

⑦ Ⅲ—イ　　Ⅳ—ウ

⑧ Ⅲ—ウ　　Ⅳ—イ

⑨ Ⅲ—イ　　Ⅳ—エ

⑩ Ⅲ—エ　　Ⅳ—イ

⑪ Ⅲ—ウ　　Ⅳ—エ

⑫ Ⅲ—エ　　Ⅳ—ウ

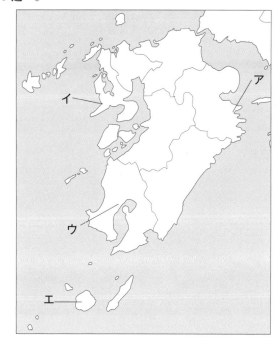

問5　**資料B**で記述されている船を所有した国は、江戸時代から日本と貿易をおこない、開国後も安政の五カ国条約を結んだ国の一つである。幕末においては、他国に比べ、日本からの輸入額の割合は低かったが、日本への輸出額の割合は高かった。幕末の日本の貿易相手国の比率を表した円グラフ（**資料C**）において、この国に該当するものを、グラフ中の①〜④のうちから一つ選べ。

資料C

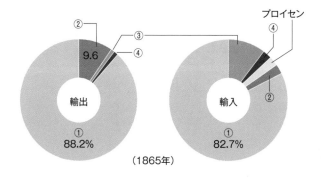

（1865年）

3 資料**A**〜**D**は、船やそれを含めた艦隊の図版である、また、**カードⅠ〜Ⅳ**は、**資料A〜D**のいずれかについて説明したものである。これらを参考に、**問1〜4**に答えよ。

資料**A**

資料**B**

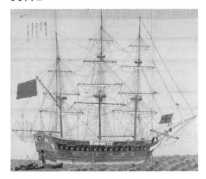

資料**C**

資料**D**

カードⅠ

ヨーロッパから回航されて日本との戦いに臨んだ艦隊で、日本が対馬海峡などの日本海で相手国に大打撃を与えた。

カードⅡ

ペリー来航以前に太平洋を横断して浦賀に来航した一行の軍艦で、日本側が軍艦を取り囲み、上陸は許されなかった。

カードⅢ

亀形の屋根に鉄板の装甲を施した軍艦で、文禄・慶長の役で使用されたといわれている。

カードⅣ

当時対立していたオランダの船を追って長崎に侵入した軍艦で、薪水・食料を強奪して退去した。

問1 **資料B**と**資料D**を説明したカードについて、**正しい組合せ**を、次の①〜⑫のうちから一つ選べ。

① **B**—Ⅰ **D**—Ⅱ ② **B**—Ⅰ **D**—Ⅲ ③ **B**—Ⅰ **D**—Ⅳ

④ **B**—Ⅱ **D**—Ⅰ ⑤ **B**—Ⅱ・ **D**—Ⅲ ⑥ **B**—Ⅱ **D**—Ⅳ

⑦ **B**—Ⅲ **D**—Ⅰ ⑧ **B**—Ⅲ **D**—Ⅱ ⑨ **B**—Ⅲ **D**—Ⅳ

⑩ **B**—Ⅳ **D**—Ⅰ ⑪ **B**—Ⅳ **D**—Ⅱ ⑫ **B**—Ⅳ **D**—Ⅲ

問2 資料A〜Dを年代順に並べた際、古い順から1番目と3番目の資料として**正しいもの**の組合せを、次の①〜⑫のうちから一つ選べ。

① 1番目—A　3番目—B　　② 1番目—A　3番目—C

③ 1番目—A　3番目—D　　④ 1番目—B　3番目—A

⑤ 1番目—B　3番目—C　　⑥ 1番目—B　3番目—D

⑦ 1番目—C　3番目—A　　⑧ 1番目—C　3番目—B

⑨ 1番目—C　3番目—D　　⑩ 1番目—D　3番目—A

⑪ 1番目—D　3番目—B　　⑫ 1番目—D　3番目—C

問3 資料Bの船の所有国に関する説明文**X・Y**について、正誤の組合せとして**正しいもの**を、下の①〜④のうちから一つ選べ。

X 東インド会社を設立したこの国は、鎖国下でも日本と貿易をおこなった。

Y 日本はこの国と日露戦争前後にかけ協定を結び、同盟を強化した。

① X—正　Y—正　　② X—正　Y—誤　　③ X—誤　Y—正　　④ X—誤　Y—誤

問4 カードi〜ivは、資料A〜Dの船舶の所有と日本との間で、20世紀に結ばれた条約などの資料である。カードi〜ivと資料A〜Dの国の組合せとして、**正しいもの**を、下の①〜⑧のうちから**二つ**選べ。ただし、資料中の国名は現在の国名と違う場合がある。

カードi

　日本国とソヴィエト社会主義共和国連邦との間の戦争状態は、この宣言が効力を生ずる日に終了し、両国の間に平和及び友好善隣関係が回復される。

　ソヴィエト社会主義共和国連邦は、日本国の要望にこたえ、かつ日本国の利益を考慮して、歯舞群島及び色丹島を日本国に引き渡すことに同意する。

カードii

　第二条　一九一〇年八月二十二日以前に大日本帝国と大韓帝国との間で締結されたすべての条約及び協定は、もはや無効であることが確認される。

　第三条　大韓民国政府は、国際連合総会決議第一九五号（Ⅲ）に明らかに示されているとおりの朝鮮にある唯一の合法的な政府であることが確認される。

カードiii

　第三条　締約国は、個別的に及び相互に協力して、継続的かつ効果的な自助及び相互援助により、武力攻撃に抵抗するそれぞれの能力を、憲法上の規定に従うことを条件として、維持し発展させる。

カードiv

　第二条　若シ日本国又ハ大不列顛国ノ一方カ上記各自ノ利益ヲ防護スル上ニ於テ別国ト戦端ヲ開クニ至リタル時ハ、他ノ一方ノ締約国ハ厳正中立ヲ守リ併セテ其同盟国ニ対シテ他国カ交戦ニ加ハルヲ妨クルコトニ努ムヘシ

① i—B　　② i—D　　③ ii—A　　④ ii—B

⑤ iii—C　　⑥ iii—D　　⑦ iv—A　　⑧ iv—C

2 貨幣・金融

▶ 新しい紙幣が発行されるというニュースを聞いた生徒たちが、貨幣の流通や商業、納税をテーマとして、Ⅰ～Ⅵ班に分かれて調査し、発表をおこなった。これらの発表を参考に、**問1～14**に答えよ。

▶Ⅰ班　発表テーマ「和同開珎について」

資料A

和銅元年春正月乙巳、（　**ア**　）国秩父郡、和銅を献ず。詔〈みことのり〉して曰く、「東方（　**ア**　）国尓〈に〉自然作成和銅出在止〈いでたりともうしてたてまつれり〉 奏而献焉。……故、改慶雲五年而和銅元年為而御世年号止定賜。……」と。……五月壬寅、始て〈はじめ〉銀銭を行ふ。……八月己巳、始て銅銭を行ふ。

資料B

（和銅四年冬十月甲子）詔して曰く、「夫れ銭の用なるは、財を通して有無を貿易する所以なり。当今、百姓なお習俗に迷ひて未だ其の理を解せず。僅に〈わずか〉売買すと雖も、猶ほ蓄ふる〈な〉者なし。その多少に従い節級してくらいを授けよ。……」

Ⅰ班の分析

資料Aは、和同開珎の鋳造について書かれた資料で、（　**ア**　）には、（　**i**　）が入る。この詔を出した（　**ii**　）天皇は、**資料A**の２年後に平城京に遷都したが、貨幣の鋳造は都の造営に関わる人々への給与として与えられたと考えられている。また、（　**iii**　）ことがわかる。**資料B**は、蓄銭叙位令であるが、この内容から、（　**iv**　）ことが読み取れる。

問1　Ⅰ班の分析の（　**i**　）と（　**ii**　）に入る語句の組合せとして**正しいもの**を、次の①～④のうちから一つ選べ。

① **i**―相模　**ii**―持統　　　② **i**―武蔵　**ii**―持統
③ **i**―相模　**ii**―元明　　　④ **i**―武蔵　**ii**―元明

問2　次の**a～d**の文章のうち、Ⅰ班の分析の（　**iii**　）と（　**iv**　）に入る文章の組合せとして**正しいもの**を、下の①～④のうちから一つ選べ。

a　和同開珎は、銀銭が出されたのちに銅銭が出された
b　和同開珎は、銅銭が出されたのちに銀銭が出された
c　百姓は銭の役割や価値を理解していて、わずかにしか使わず、多くは蓄えていた
d　百姓はわずかに銭を売買に使っていたものの、その価値を理解せず、蓄えていなかった

① **iii**― **a**　　**iv**― **c**　　　② **iii**― **a**　　**iv**― **d**
③ **iii**― **b**　　**iv**― **c**　　　④ **iii**― **b**　　**iv**― **d**

▶Ⅱ班　発表テーマ「　X　」

資料C　尾張国郡司百姓等解（998年）

尾張国郡司百姓等解し申し、官裁を請ふの事
　　裁断せられむことを請ふ、当国の守藤原朝臣元命、三箇年の内に責め取る非法の官物幷びに濫行横法三十一箇条の……
一、裁断せられむことを請ふ、官法の外(注1)に意に任せて加徴せる租穀(注2)段別三斗六升の事
　右、租穀官法は限り有り。是れ則ち、代々の吏、例損(注3)の由を愁え陳ぶると雖も、猶乍本数(注4)を勘納す。或る国宰(注5)は一斗五升を微納し、或る国吏は二斗以上を微下す。而るに当任の守元命朝臣、三斗六升を加徴するは更に承前の例にあらず。

(注1)官法の外：法律で定められているほかに。　　　(注2)租穀：税として徴収される穀物。
(注3)例損：年ごとに出来高をみて、一定の控除をおこなうこと。
(注4)本数：もともと決まっていた量。　　　(注5)或る国宰：元命以前の国司のこと。

資料D　12世紀半ば頃に成立した『粉河寺縁起絵巻』の長者の家に貢物を運ぶ里の人たち

箱の中には壺、鯉、梨などが入っている。

Ⅱ班の分析

・10世紀末には、国司が税として法外な量の穀物を徴収していた例がみられる。
・12世紀頃には、地方の有力者への貢物が、地域の特産物でおこなわれていたことがわかる。

問3　資料C・Dを説明した文 **a ～ d** のうち、**正しいもの**の組合せを、下の①～④のうちから一つ選べ。
a　尾張国司藤原元命は意に任せて法律以上の租を集めていたことがわかる。
b　藤原元命以前の国司は、決められた法以上の租はとっていなかったことがわかる。
c　長者は屋敷を堀で囲み、門前に弓矢をもった人物を置くなど、武装していたと考えられる。
d　里の人たちは長者への貢物として銭を献上していたことがわかる。
①　**a・c**　　　　②　**a・d**　　　　③　**b・c**　　　　④　**b・d**

問4　Ⅱ班の発表のテーマ「　X　」は何であったか。ほかの班の発表も参考に、次の①～④のうちから**最も適当なもの**を一つ選べ。
①　律令制の崩壊と国司の徴税請負いについて
②　重税に対する民衆の浮浪・逃亡について
③　地方における武士団の形成について
④　平安時代中期以降の民衆の納税やその方法について

▶Ⅲ班　発表テーマ「鎌倉時代の貨幣の流通と納税手段について」

資料E　暦仁2（1239）年の鎌倉幕府の命令

> 一、陸奥国郡郷所当の事
> 准布を止めらるるの例をもって⁽注1⁾、沙汰人百姓等、私に本色の備え⁽注2⁾を忘れ、銭貨の所済⁽注3⁾を好むの間、年貢の絹布追年不法⁽注4⁾の条、ただに自由⁽注5⁾の企にあらず、すでに公損の基なり。今より以後、白河関以東は、銭の流布を停止せしむべきなり。且は下向の輩の所持においては、商人以下慥かに禁断すべし。
>
> （注1）准布を止めらるるの例をもって：嘉禄2（1226）年に准布を止めて銅銭を用いるべしという法令が出ていたこと。准布とは、現物貨幣のように使用されていた麻布。
>
> （注2）本色の備え：本来の税。　　　（注3）所済：租税を納めること。
>
> （注4）不法：法に違反していること。　　　（注5）自由：わがまま、勝手であること。

資料F　鎌倉時代の備中国深津市の様子

> そのさいふ⁽注1⁾、いまたかへのほさせ給候はす候ハ、⁽注2⁾、この月のひんこのふかつのいち⁽注3⁾へ、人を給候て、ようとう⁽注4⁾の□はんほと、うけとらせ給候て、つ□せ給候へく候、人のかたより、をいをとり候へき事候あひた、かように申候也、ふかつの市にては、た□つのあまこせんのかりや⁽注5⁾へ、人を給う候へく候、又おほせのことく、かちにてのほり候へく候、……
>
> （注1）さいふ：割符。　　　（注2）いまたかへのほさせ給候はす候ハ、：いまだに換金できていないので。
>
> （注3）ひんこのふかつのいち：備後国深津市。現在の広島県福山市周辺にあった市。　　　（注4）ようとう：用途。銭のこと。
>
> （注5）あまこせんのかりや：尼御前の仮屋。
>
> ※資料の差出人は安芸国厳島神社に関係ある瀬戸内海西部の住人、受取人は備後国の歌島（尾道の対岸の島）の住人と考えられる。

問5　鎌倉時代の銭の流通について書かれた**資料E・F**に関して述べた文**a〜d**について、**正しいもの**の組合せを、下の①〜④のうちから一つ選べ。

　a　**資料E**から、鎌倉前期の東北地方では、准布が貨幣のように使われていたことがわかる。

　b　**資料E**では、白河関以東は、銭の流通が滞っているため、改めて銭の流通をうながしている。

　c　**資料F**には、備後国深津市でさいふを買い替えたことが記されている。

　d　**資料F**より、備後国深津市には、女性の商人がいたことがわかる。

①　**a・c**　　　　②　**a・d**　　　　③　**b・c**　　　　④　**b・d**

問6　**資料F**に関連して、鎌倉時代の年貢の納入から決済までを図示したものとして**正しいもの**を、次の①〜④のうちから一つ選べ。

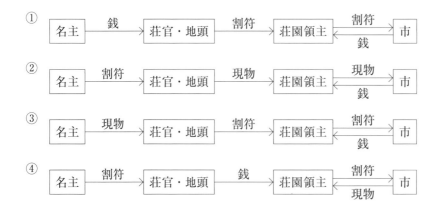

▶Ⅳ班　発表テーマ「撰銭令について」

資料G　撰銭の背景を記した模式図

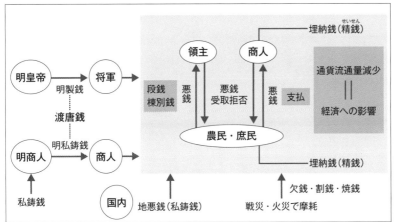

精銭：良質な銭貨。

資料H　1485年の大内氏の撰銭令(現代語訳)

段銭は善銭(北宋銭)で出すべきだが、永楽銭・宣徳銭を100文につき20文あてて混ぜてよろしい。私的な金融や売買については、100文のうち30文混ぜること、さかひ銭・洪武銭(縄きり)・打平目(鐚銭)を悪銭として排除すること。

資料Ⅰ　1500年の幕府の撰銭令(現代語訳)

日本新鋳の料足は悪銭として排除し、渡唐銭の永楽銭・洪武銭・宣徳銭は混ぜて使うことを指定している。

Ⅳ班の分析

・**資料G**より、悪銭は(**イ**)。
・**資料H**より、15世紀後半には、貨幣は(**ウ**)の順で価値が高いと考えられていたことがわかる。取引には価値の高い銭だけではなく、大内氏は(**エ**)ことを命じ、幕府は(**オ**)ように命じた。

問7　Ⅳ班の分析の(**イ**)についての文章として、**誤っているもの**を、次の①～④のうちから一つ選べ。

① 段銭を納める際に、領主より受け取りを拒否されることがあった。
② 使えないことが多いため、農民の中には精銭を蓄える者もいた。
③ 明の皇帝からの銭の中に、すでに大量に含まれていた。
④ 国内でつくられた質の悪いもののほかに、戦災や火災で摩耗したものも含まれた。

問8　Ⅳ班の分析の(**ウ**)に当てはまるものとして、**正しいもの**を、次の①～④のうちから一つ選べ。

① 永楽銭＞北宋銭＞洪武銭　　　② 洪武銭＞北宋銭＞宣徳銭
③ 宣徳銭＞さかひ銭＞北宋銭　　④ 北宋銭＞永楽銭＞打平目

問9　**a～d**の文章のうち、Ⅳ班の分析の(**エ**)と(**オ**)に入る文章として、**正しいもの**の組合せを、下の①～④のうちから一つ選べ。

a 段銭は北宋銭100文＝永楽銭20文＋北宋銭80文として支払う
b 私的な売買では北宋銭＝洪武銭30文＋北宋銭70文として支払う
c 悪銭も渡唐銭と同等に扱う
d 洪武銭も永楽銭や宣徳銭と同等に扱う

① a・c　　　　② a・d　　　　③ b・c　　　　④ b・d

▶Ⅴ班　発表テーマ「江戸時代の商業の発展について」

資料 J　17世紀末頃の越後屋の様子

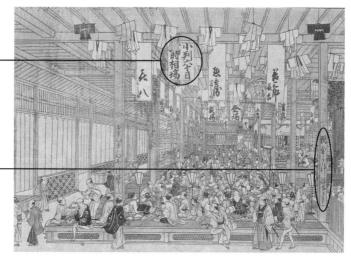

小判六十目□時相場 ————

※元禄期：金1両＝銀60目＝銭4貫文
（匁）

現金かけねなし ————

資料 K　歌川豊国（1769～1825）が描いた
「たばこ屋」

問10　Ⅴ班は、江戸時代の商業の発展の理由について、2枚の絵をもとに考えることにした。**資料 J・K**は、江戸時代の店を描いたものである。これらについてⅤ班が読み取った内容のうち、**誤っているもの**を、次の①～④のうちから一つ選べ。

①　**資料 J**の「小判六十目」とは、小判1両＝40文という意味である。

②　**資料 J**では、既製品の着物を天井からつるすなど、新しい商売の工夫がみられる。

③　**資料 K**は、**資料 J**よりもあとに描かれた作品である。

④　**資料 K**には、**資料 J**の影響を受けた商売方法が描かれている。

問11　江戸時代に優れた文化を生み出した人物のうち、**資料 K**の店に最も関係の深い人物を、次の①～④のうちから一つ選べ。

①　近松門左衛門　　　②　菱川師宣　　　③　鈴木春信　　　④　山東京伝

問12　古代～近世の商業についての説明として、**誤っているもの**を、次の①～④のうちから一つ選べ。

①　平城京に2カ所設けられた市では、官人たちが禄として支給された布を売り、必要な物を購入した。

②　鎌倉時代に活躍した問丸は、商品の運搬だけでなく、年貢徴収・委託販売などもおこなった。

③　室町時代には、定期市に代わって常設の見世棚が登場し、宋銭が利用された。

④　江戸時代の在郷商人は、農村で商品生産が発達すると、都市の株仲間に対抗して成長した。

▶Ⅵ班　発表テーマ「明治時代の法令と紙幣発行量の関係について」

資料L　金本位制が成立するまでの関係年表

年	できごと
1868	戊辰戦争 →戦費の調達が必要になり不換紙幣を発行
1871	新貨条例
1872	新たな政府紙幣の発行 国立銀行条例 →兌換銀行券を発行できる銀行の設立を認める
1876	国立銀行条例の改正→兌換義務が撤廃
1882	日本銀行の設立
1885	日本銀行が銀兌換銀行券を発行
1886	銀本位制の成立
1897	金本位制の成立

資料M　明治時代の紙幣流通量の推移

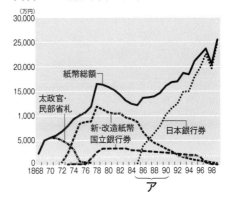

問13　Ⅵ班は、**資料M**の個々の紙幣の発行額の推移について、**X・Y**のような文章にまとめた。さらに、**資料L**の年表をみて、その**根拠**を**a～d**のようにまとめた。Ⅵ班がまとめた文章とその根拠の組合せとして**正しいもの**を、下の①～④のうちから一つ選べ。

X　太政官札・民部省札は、明治時代の初期に発行されたが、西南戦争の頃にはほぼ0に等しい残高になっている。

Y　国立銀行券の市中流通量は、1876年を境に上昇したが、1879年以降数年間はほぼ横ばいとなっている。

根拠

a　太政官札・民部省札は、戊辰戦争の戦費調達のために発行されたものだったが、1872年には新たな政府紙幣を発行してこれと引き換えた。

b　太政官札・民部省札は、新貨条例によって発行されるようになったが、国立銀行条例によって兌換紙幣が発行されるようになると、新紙幣の発行がとまった。

c　国立銀行券の流通量が増えたのは、国立銀行条例が改正されて、日本銀行の発行が始まったからである。

d　国立銀行券の流通量が増えたのは、国立銀行条例が改正されて、兌換義務が撤廃されたからである。

①　**X**―**a**　**Y**―**c**　　　②　**X**―**a**　**Y**―**d**　　　③　**X**―**b**　**Y**―**c**　　　④　**X**―**b**　**Y**―**d**

問14　資料Mの**ア**の時期の日本経済を説明した文として、**正しいもの**を、次の①～④のうちから一つ選べ。

①　金利が低下して株式取引が活発になり、産業界が活気づいて、鉄道や紡績を中心に会社設立ブームがおこった。

②　アメリカ向けを中心に生糸輸出がさらに伸び、清国を追い越して世界最大の生糸輸出国となった。

③　工業生産額が農業生産額を追い越し、男性労働者の数も倍増して女性労働者の数にせまった。

④　重化学工業が工業生産額全体の過半を占め、鋼材の自給も達成された。

3 災害・疫病

1 資料A・Bはいずれも疫病に関するものである。これらを読み、**問1～5**に答えよ。

資料A 天皇の詔(現代語訳)

> この頃、大宰府管内に@疫病で亡くなる者が多い。病を鎮め民を救うため、大宰府管内の天神地祇(注1)に奉幣し祈らせよ、管内の寺は金剛般若経を読め。使者を遣わせ病者に賑給(注2)し湯薬を与えよ。長門より東の国の長官と次官は斎戒し、道饗祭(注3)を祀れ。
>
> 　天平七(735)年八月
>
> (注1)天神地祇：すべての神々。　　　(注2)賑給：給付すること。
>
> (注3)道饗祭：祭祀の一種。都の四隅道上で、八衢比古神、八衢比売神、久那斗神の3柱を祀り、都や宮城の中に災いをもたらす鬼魅や妖怪が入らぬよう防ぐ。

資料B 武蔵国三保谷宿名主田中三左衛門の書簡

> 手紙をもって啓上し仕り候、……いよいよ御清勤、泰賀し奉り候、然は此節世上一般麻疹病流行の処、なかには仮初の事に心得、不養生いたし、終には一命にもおよひ候者も少なからざる由、これにより御府内名家の医師え承り候ところ、養生有増認め遣わされ候間、自分ばかり心得居り候も不本意に付、せめては当堤内村々だけも告げ知らせたく存じ、別紙の通⑥養生心得書、摺物にいたし差上候間……
>
> 　文久二(1862)年七月

問1 資料Aの時代のできごととして、**適当でないもの**を、次の①～④のうちから一つ選べ。

① 大宰少弐の藤原広嗣が九州で反乱を起こした。

② 東北地方の政治・軍事拠点として多賀城が設置された。

③ 口分田不足を補うために、百万町歩開墾計画が出された。

④ 空海が庶民教育の目的で、京都に綜芸種智院を設立した。

問2 資料Aの下線部@の疫病で亡くなった人物として、**誤っているもの**を、次の①～④のうちから一つ選べ。

① 藤原宇合　　　② 藤原忠平　　　③ 藤原武智麻呂　　　④ 藤原房前

問3 資料Aの詔にあるように、疫病に対し天皇は対策を命じている。この天皇の皇后は悲田院や施薬院を設けて病人や孤児を救っている。この天皇と皇后の組合せとして**正しいもの**を、次の①～④のうちから一つ選べ。

① 文武天皇・藤原宮子　　　② 文武天皇・光明子

③ 聖武天皇・藤原宮子　　　④ 聖武天皇・光明子

問4 資料Bは田中三左衛門という名主が江戸へ赴いた際、麻疹が江戸で流行していることを故郷の者に伝えた書簡である。この書簡の内容として、**正しいもの**を、次の①～④のうちから一つ選べ。

① 江戸で麻疹が流行しており、初めて罹患したものは不養生していると死んでしまう者もいるが、名医に診てもらえばたちまち治るので、治療費は高いが仕方がない。

② 麻疹は大した病ではないと侮り、不養生していると命にかかわる病である。江戸の名医に養生のあらましを聞いたが、自分だけが心得ているのは不本意なので、故郷の皆さんにも知らせたい。

③ 江戸で麻疹が大流行しており、自分も不養生のために罹患してしまった。完治しなければ命にもかかわると医者に言われたので、その状況だけでも故郷に伝えておかなければと筆をとった。

④ 麻疹の流行は人々の不養生が原因であり、江戸では多数の死者が出た。なかには、江戸の名医すら罹患し、亡くなっているので、村の皆さんも気をつけてほしい。

問5 資料Cは資料Bの下線部ⓑの「養生心得書」と同時期に描かれた「はしか絵」である。この絵の説明文の（　ア　）〜（　イ　）に当てはまる語句や文章の組合せとして、**正しいもの**を、下の①〜④のうちから一つ選べ。

資料C

説明文

中央の下で麻疹の鬼が懲らしめられている。退治に挑むのは感染対策で商売が立ち行かなくなった（　ア　）、酒屋、汁粉屋、落語家、床屋などである。また鬼をかばう医者と薬屋の姿があるのは（　イ　）である。上部には罹患者が口にして良いものと悪いものが記されている。

① ア―遊女　　　　イ―患者が増えて薬が売れたから
② ア―貸本屋　　　イ―恐ろしい病ではないことを知っていたため
③ ア―遊女　　　　イ―恐ろしい病ではないことを知っていたため
④ ア―貸本屋　　　イ―患者が増えて薬が売れたから

2 資料**A**は幕末から大正期にかけて流行したある疫病の風刺画で、資料**B**はその疫病に関する年表である。これらを参考に、問1～5に答えよ。

資料A

説明文

「虎列刺退治」
病を恐ろしい化け物に例え、消毒液で攻撃している様子を描いた。化け物は上半身は虎、胴体は狼で、下半身には狸の大きな玉袋をつけている。

資料B

年	できごと
1822	長崎に（　ア　）が侵入し、日本で最初の大流行となる
1858	長崎に（　ア　）が侵入し、2回目の大流行となる
1877	神戸入港の輸送船で多数の（　ア　）患者が発生 神奈川、長崎をはじめ各地に（　ア　）が発生し大流行
1885	（　イ　）、長崎にて（　ア　）菌を確認。長崎で大流行
1890	長崎に（　ア　）侵入し、大流行となる。清より長崎に入港した米国船にペスト死者発見、日本での初のペスト侵入
1894	日清戦争開始。（　イ　）、ペスト菌発見
1902	（　ア　）の大流行。患者1万2000人以上、死者8000人以上
1904	日露戦争開始。神戸市でペスト発症、大阪市でペスト菌保有ねずみが発見され、1909年までペストが大流行
1914	第一次世界大戦開始
1916	横浜に（　ア　）が侵入し、大流行
1918	ⓐスペイン風邪の流行。全世界の人口12億人中、約5億人が感染し、約5千万人以上が死亡。日本では人口5500万人に対して約2500万人が感染し、約40万人が死亡
1920	神戸市に（　ア　）が侵入し、国内最後の流行となる

（「神戸検疫所の歩み等」より作成）

問1 資料**A**で風刺された資料**B**の（　ア　）に入る疫病として、**正しいもの**を、次の①〜④のうちから一つ選べ。

① 天然痘　　　② コレラ　　　③ 梅毒　　　④ インフルエンザ

問2 1822年に国内初の（　ア　）の流行が確認されているが、その後、明治初期にいたるまで、（　ア　）が流行した地域にはどのような特徴があるか。次の①〜④のうちから一つ選べ。

① 人口が密集している工業地帯　　　② 人口が分散している農村部
③ 物流の拠点となる卸問屋街　　　④ 海外との窓口になる貿易港

問3 資料**B**の（　イ　）に入る人物は、「日本の細菌学の父」とも呼ばれ、（　ア　）やペスト菌の発見だけではなく、破傷風菌の純粋培養に成功し、破傷風血清療法を発見して多くの人々の命を救った。この人物とは誰か。次の①〜④のうちから一つ選べ。

① 志賀潔　　　② 野口英世　　　③ 北里柴三郎　　　④ 高峰譲吉

問4 （　イ　）に関わりのある人物についての**カードⅠ〜Ⅱ**を作成した。これらのカードは、それぞれ誰について書かれたものであるか。**正しいもの**の組合せを、下の①〜④のうちから一つ選べ。

カードⅠ

私は軍医として、（　イ　）さんと同時期にドイツ留学をしていました。細菌学のコッホ先生のもとを訪ねたこともあります。ドイツでの経験は、私の文筆業にも影響を与え、『舞姫』は私の代表作です。

カードⅡ

私は、（　イ　）さんがドイツ留学から帰国したのちに、伝染病研究所設立を支援しました。その後も縁あって、慶應義塾大学で医学科設置の際には（　イ　）さんが初代医学科学長に就任しました。

① Ⅰ—夏目漱石　　Ⅱ—福沢諭吉　　② Ⅰ—夏目漱石　　Ⅱ—渋沢栄一
③ Ⅰ—森鷗外　　　Ⅱ—福沢諭吉　　④ Ⅰ—森鷗外　　　Ⅱ—渋沢栄一

問5 資料**C・D**は資料**B**の下線部ⓐを予防するために、内務省衛生局が配布したポスターである。資料**D**の**i**〜**ii**に当てはまる語句として、**正しいもの**の組合せを、下の①〜④のうちから一つ選べ。

資料C

資料D

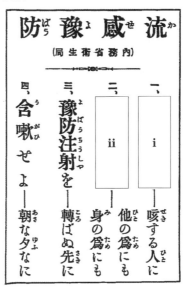

① i—鼻口を覆え　　ii—よく食べよ　　② i—外出するな　　ii—よく食べよ
③ i—鼻口を覆え　　ii—近寄るな　　　④ i—外出するな　　ii—近寄るな

3　花子さんと太郎君は、歴史上の記録に残る災害についての資料を探し、話し合うことにした。2人の会話文を読み、**問1〜7**に答えよ。

花子：**資料A**は江戸時代の1657年に発生した（　ア　）の大火の様子を表したものよ。別名を振袖火事ともいうわ。この火事で江戸の町の半分が焼失し、死者は10万人を超えたとされているわ。(a)江戸などの大都市は木造家屋が密集していたから、火事はとくに多かったみたい。

太郎：**資料B**は（　イ　）の大噴火の資料だよ。1783年に爆発して、この時の火砕流などで近隣の村では多くの犠牲者が出たんだ。また降灰による(b)噴火の影響は広範囲に及んでいるよ。

花子：(c)**資料C・D**は二つとも地震に関する資料よ。一つは幕末、もう一つは大正時代に起きたものなの。地震は、揺れによる倒壊の被害だけではなく、その後の火災や津波など複合的な被害の拡大は恐ろしいわね。

資料A

資料B

資料C

資料D

問1　会話文の（　ア　）と（　イ　）に当てはまる語句として、**正しいもの**の組合せを、次の①〜④のうちから一つ選べ。

①　ア―明和　　イ―浅間山　　　②　ア―明和　　イ―富士山

③　ア―明暦　　イ―浅間山　　　④　ア―明暦　　イ―富士山

問2　下線部(a)の対策として、江戸時代には様々な防災の工夫がなされた。江戸時代の防災に関する説明文**X・Y**について、正誤の組合せとして**正しいもの**を、下の①〜④のうちから一つ選べ。

X　江戸時代の消火活動の中心は延焼を防ぐための破壊活動であり、火消のもつ纏(まとい)は火災現場の目印となり、命がけの作業となった。

Y　防火対策としては木造より火に強いとされた土蔵造りが奨励され、道幅の広い広小路や広場をつくり延焼を防ぐ工夫をおこなった。

①　**X**―正　**Y**―正　　　②　**X**―正　**Y**―誤　　　③　**X**―誤　**Y**―正　　　④　**X**―誤　**Y**―誤

問3　下線部ⓑについて、（　イ　）が噴火した時期には東北地方を中心に大飢饉が発生している。噴火と飢饉に関して、とくに広範囲に影響を及ぼしたものとして、**最も適当なもの**を、次の①〜④のうちから一つ選べ。

① 溶岩の流出　　　　② 火山灰の降灰　　　　③ 火砕流の発生　　　　④ 火山弾などの噴石

問4　下線部ⓒについて、**資料C**の地震の時の元号を、次の①〜④のうちから一つ選べ。

① 天保　　　　② 安政　　　　③ 文久　　　　④ 慶応

問5　**資料C**の地震では、水戸藩上屋敷でも激しい揺れに見舞われた。**資料E**はその際に屋敷にいた奥女中の西宮秀がとった行動である。この行動の説明として、**最も適当なもの**を、下の①〜④のうちから一つ選べ。

資料E　西宮秀のとった行動（『落葉の日記』、現代語訳）

> ……御殿へ引き返し、御手あぶり、御あたため、火鉢など火の本あぶなく、そのまま御泉水へ投げ込み、金魚や緋鯉（ひごい）はふびんに思うけど、致し方ない。……

① 地震で池の水が流出してしまったために、金魚や緋鯉を助けることができなかった。

② 屋敷の中では火災が発生しており、炎から逃げるように仕方なく池に飛び込んだ。

③ 屋敷の中にあった暖をとるための道具類を、防火のために池の中に放り込んだ。

④ 屋敷は倒壊の危険性があるために、室内の水槽の金魚などはそのままで避難した。

問6　次の**資料F**は、**資料D**の地震の後につくられた番付である。この番付はどのような順位を示すものであるか。下の①〜④のうちから一つ選べ。

資料F

① 被災した家屋の被害総額　　　② 銀行から払い出された緊急融資額

③ 震災復興のための援助金額　　　④ 経営者が従業員に支払った震災手当総額

問7　**資料F**の番付についての説明として、**誤っているもの**を、次の①〜④のうちから一つ選べ。

① 東西の横綱や大関は、すべて財閥出身の人物である。

② 東西共通で横綱の金額は500万円である。

③ 番付に載る人物には、元大名家出身や徳川家出身者の名前がある。

④ 番付には個人名のみ掲載されている。

４　教育・学問

■　次の会話文は、日本史の授業で教育に関するテーマを発表するため、図書館で勉強をしている太郎
君と健二君のやり取りである。これを読み、**問１〜11**に答えよ。

太郎：近世から現代までの教育について調べてみたけれど、教育の歴史っておもしろいね。

健二：そうだね。時代によって求められるものは違うかもしれないけれど、教育って現在や未来を築い
　　　ていく礎となるためにあるんじゃないかな。

太郎：過去の人々の積み重ねが、今につながるんだね。

健二：僕は(a)古代から中世にかけても全国各地で、教育活動がおこなわれていたことにも興味をもつこ
　　　とができたよ。しかも近世以降になると、庶民にも教育を受ける機会が広がりをみせているね。

太郎：僕は江戸時代にとくに興味をもったよ。(b)江戸時代になると、様々な学問が発展していたんだね。
　　　調べるのが大変だったよ。

健二：でも幕府としては、朱子学以外の発展に対して難色を示した記録も残っているね。

太郎：武力ではなく、朱子学という学問を通して、政治を安定化させようとしたんじゃないかな。

健二：天保年間以降の藩校は、約70％の家臣を一律に就学させていた記録もあるみたいだから、当時の
　　　人々が教育を大事にしていたことがわかるね。

太郎：近世から近代にかけて大きく教育制度が変わるけれど、江戸時代から続く教育活動が近代につな
　　　がっていると思うよ。

健二：大きく変わった点は色々あるけれど、たとえば、(c)明治時代になって、入学式がおこなわれるよ
　　　うになったことがあげられるね。

太郎：そうだね。今じゃ当たり前だけれど、アメリカは９月入学だし、それぞれの国の意図がありそう
　　　だね。４月入学には諸説あるみたいだけれど、当時の人が海外留学などで、それぞれの国の教育
　　　についても調べてたのかな。

健二：当時も海外留学はあったみたいだけど、かなりの覚悟をもって渡航したみたいだよ。会津藩の家
　　　老の娘である山川捨松は、もともと咲という幼名だったんだ。でも岩倉使節団に随行しアメリカ
　　　にわたる際に、捨松の母が捨てたつもりで待つという意味で、捨松という名前に改名するほど
　　　だったんだ。

太郎：(d)会津戦争を経験した捨松が、海外留学をし、その後、女性教育に関わっていったことは非常に
　　　感慨深いものがあるな。

健二：(e)近代から現代にかけて時代は大きく変化していくけれど、教育政策もその時代背景を踏まえて
　　　調べてみると非常に興味深いね。

太郎：学問に対して、様々な弾圧などもあったけれど、僕らはこうした中で、自由に学ぶことを大事に
　　　していきたいね。

問1　下線部ⓐにおいて、健二君は古代から中世にかけて、全国各地で、様々な教育機関が存在していたことに興味をもち、**X〜Z**のメモを作成した。**X〜Z**の創設・再建時期を年代の古いものから順に並べた場合、**正しく配列されているもの**を、下の①〜⑥のうちから一つ選べ。

X　評定衆として、時頼・時宗を助けた北条義時の孫が、武蔵国六浦荘金沢の別邸内に開設した。

Y　足利義教に協力して持氏を倒した関東管領が再建し、ザビエルがこの施設を坂東の大学と称した。

Z　密教を学び、高野山に金剛峯寺を開いた人物が創設して、京内で民衆教育の組織化を推進した。

①　X—Y—Z　　　　②　X—Z—Y　　　　③　Y—X—Z

④　Y—Z—X　　　　⑤　Z—X—Y　　　　⑥　Z—Y—X

問2　問1の**X〜Y**で述べられている地域は、地図の**ア〜カ**のどこにあたるか。**正しいものの組合せ**を、下の①〜⑧のうちから一つ選べ。

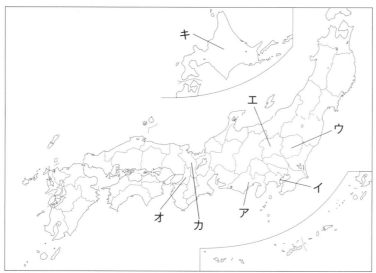

①　X—ア　　Y—ウ　　Z—オ　　　②　X—イ　　Y—ウ　　Z—オ

③　X—ア　　Y—エ　　Z—オ　　　④　X—イ　　Y—エ　　Z—オ

⑤　X—ア　　Y—ウ　　Z—カ　　　⑥　X—イ　　Y—ウ　　Z—カ

⑦　X—イ　　Y—エ　　Z—カ　　　⑧　X—ア　　Y—エ　　Z—カ

問3　次の**ⅰ**と**ⅱ**は、ある教育機関について述べたものである。**ⅰ・ⅱ**で述べられている地域は、地図の**ア〜カ**のどこに当たるか。**正しいものの組合せ**を、下の①〜④のうちから一つ選べ。

ⅰ　緒方洪庵が始めた塾で、大村益次郎や福沢諭吉らを輩出した。

ⅱ　アメリカ人クラークを招き、アメリカ式の大農場制度の移植を図るために開校された。

①　ⅰ—ア　　　ⅱ—ウ　　　　②　ⅰ—イ　　　ⅱ—エ

③　ⅰ—オ　　　ⅱ—キ　　　　④　ⅰ—カ　　　ⅱ—キ

問4　下線部⑤において、太郎君は江戸時代の諸学問の発展について調べ、関孝和・渋川春海・青木昆陽に関する資料を集めた。この3人に関する資料として、**誤っているもの**を、次の①〜④のうちから一つ選べ。

① ② ③ ④

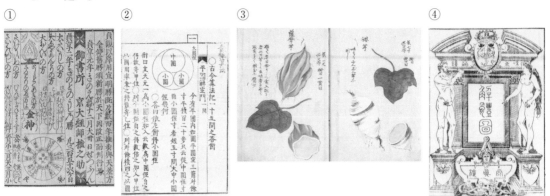

問5　江戸時代の教育に関する**資料A・B**について述べた文**a〜d**のうち、**正しいもの**の組合せを、下の①〜⑥のうちから一つ選べ。

資料A

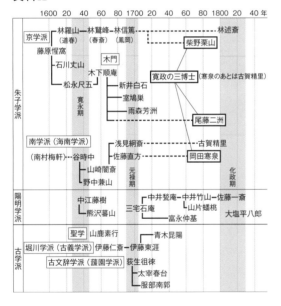

資料B

朱子学は、慶長以来、将軍家が代々信用してきた学問で、すでにおまえの家が代々その学風を維持するよう命じられているのであるから、油断することなく正学である朱子学を学び研究し、門人たちを取り立てるべきものである。ところが最近、世間ではいろいろな新しい学説を唱え、異学が流行し、風俗を乱す者がいる。まったく、正学が衰えたためであろうか、このままでは放置できない。……今度、聖堂の取り締まりを厳重にすることを仰せ付けられ、柴野栗山・岡田寒泉も、右の御用を命じられたことであるので、きびしくこの趣旨を検討して、必ず門人が異学を学ぶことをきびしく禁じ、そしてまた、自分の門下に限らず他の門派とも話し合い、正学を講義・研究し、人材を取り立てるように心がけよ。

a　資料Aの中で、朱子学派以外の学者は幕府に仕えていない。
b　資料Aの中で、山崎闇斎の学派は、資料Bの異学にあたらない。
c　資料Bから、幕府は、朱子学以外の学問が流行していることを問題視している。
d　資料Bから、幕府は、聖堂学問所では、京学派の者で朱子学を教えるように伝えている。

①　**a・b**　　　②　**a・c**　　　③　**a・d**　　　④　**b・c**　　　⑤　**b・d**　　　⑥　**c・d**

▶下線部ⓒにおいて、健二君は、日本の4月入学の経緯や当時の就学率に関して説明するために、**資料C～F**を用意するとともに、時系列順に3枚の**カードⅠ～Ⅲ**を作成した。

資料C

年	できごと
1872	学制を公布
1879	教育令を公布
1880	改正教育令を公布
1882	日本銀行設立
1885	銀兌換券を発行
1886	学校令を公布（4月入学が本格的に開始）
1890	教育に関する勅語を発表
1894	日清戦争
1904	日露戦争

資料D　この時期の歴史的事実

・当時イギリスの会計年度は4月であった。
・インフレを抑制し、不換紙幣を処分するため、酒造税などの間接税を増加させた。酒造税額は、米を収穫してから4～5カ月かけて醸造してから決められた。

資料E　高等学校の在学に関する資料

年度	校数	卒業者数	20歳男子数
1908	8	1,269	454,330
1925	23	4,345	507,656
1930	33	5,486	607,136
1940	34	4,674	651,100

資料F

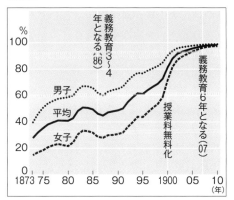

問6　資料C・Dを読み、日本の4月入学の背景に関して述べた**X・Y**について、正誤の**正しいもの**の組合せを、下の①～④のうちから一つ選べ。

X　大蔵大臣松方正義によっておこなわれた財政政策が影響している。

Y　日英通商航海条約に伴って、イギリスの制度を取り入れたからである。

①　**X**―正　**Y**―正　　　②　**X**―正　**Y**―誤　　　③　**X**―誤　**Y**―正　　　④　**X**―誤　**Y**―誤

問7　資料C～Fを読み、義務教育の就学率や高等学校の在学率の変遷について、**カードⅠ**と**カードⅢ**に入る組合せとして**正しいもの**を、下の①～④のうちから一つ選べ。

カードⅠ		カードⅡ		カードⅢ
	→	義務教育が3～4年となる。	→	

a　教育令の公布以降、男女の就学率は上昇し続けた。

b　学制公布の翌年から男女の就学率に15％以上の差が生じていた。

c　日清戦争から日露戦争にかけて男女の就学率の差は10％以上縮まった。

d　日本が太平洋戦争に敗戦するまでは、20歳男子の高等学校卒業生数は上昇し続けた。

①　Ⅰ―**a**　　Ⅲ―**c**　　　②　Ⅰ―**a**　　Ⅲ―**d**

③　Ⅰ―**b**　　Ⅲ―**c**　　　④　Ⅰ―**b**　　Ⅲ―**d**

▶下線部ⓓにおいて、太郎君は明治期の女性教育について調べ、山川捨松についての**レポート**にまとめた。

太郎君の**レポート**

　　山川捨松は、幕末の1860年に会津藩の武士の娘として生まれた。彼女は岩倉使節団の一員として、津田梅子とともに明治期にアメリカに留学をしている。アメリカの女性教育や女性の社会進出に感銘を受け、女性の日本での女性教育の発展に専心しようとするも、帰国後の日本の社会ではなかなか受け入れられず途方に暮れていた。

　　そうした中、西郷隆盛の甥の大山巌を結婚することになるが、捨松の兄は、当初この結婚に反対をしていた。しかし、本人がフランス留学経験のある大山とデートの中で、彼の薩摩弁は何を言っているか分からなかったが、英語で話すと意気投合し結婚することとなった。結婚後は、捨松は留学経験を生かし、大山巌の夫人として鹿鳴館での舞踏会に参加し、鹿鳴館の華と称されるようになった。

　　また、女性教育に消極的な日本の社会の中で、津田梅子とともに、アメリカの留学先で出会ったアリス・ベーコンを招聘し、津田梅子が開校した女子英学塾のサポートを最後まで惜しまず、かつての夢だった日本の女性教育の発展に大きく寄与した。

　　日露戦争中は、大山巌が満州総司令として奉天会戦などで活躍する一方で、捨松は厳しい戦いが続く中、従軍兵の家族への慰問や寄付などの慈善事業を積極的におこない、愛国婦人会の理事も務めた。こうして、激動の時代を歩んだ捨松は大山巌が亡くなったのち、あとを追うようにこの世を去った。享年60歳であった。

問8　次の文**a ～ d**について、太郎君の**レポート**をもとに考えられることとして、**適当なもの**の組合せを、下の①～④のうちから一つ選べ。

a　山川捨松の目指す教育とは、女性は家で夫とその親に尽くして子供を育てることである。

b　山川捨松の兄が大山巌との結婚に反対したのは、戊辰戦争での因縁があると考えられる。

c　山川捨松の結婚後の活動の中には、井上馨外相の政策も関係している。

d　山川捨松がおこなった日露戦争時に慰問などの活動は、赤瀾会へと発展した。

①　**a・c**　　　　②　**a・d**　　　　③　**b・c**　　　　④　**b・d**

問9　山川捨松の生涯の期間において、女性が関わった事柄として**適当でないもの**を、次の①～④のうちから一つ選べ。

①　自由民権家の岸田俊子は、集会条例違反で処罰された。

②　景山英子は、大阪事件において女性でただ一人投獄された。

③　与謝野晶子は、「君死にたまふことなかれ」を『明星』に発表した。

④　伊藤野枝は、夫の大杉栄とともに、甘粕正彦大尉らにより殺害された。

▶下線部ⓔにおいて、太郎君と健二君は、近代から現代にかけての教育に関しての資料を集めた。

資料G

資料H

資料Ⅰ

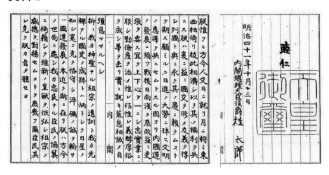

問10 **資料G～Ⅰ**は、それぞれ次の年表の**ア～オ**の時期どこに入るか。**正しい組合せ**を、下の①～⑥の
うちから一つ選べ。

ア {

シーメンス事件により、第1次山本内閣が総辞職をする。

イ {　　　　　　　　　　　↓

片岡直治の失言によって、取付け騒ぎが発生する。

ウ {　　　　　　　　　　　↓

北京郊外の盧溝橋付近で駐屯日本軍隊と中国軍隊が武力衝突する。

エ {　　　　　　　　　　　↓

米戦艦ミズーリ号上で重光葵外相が、降伏文書に調印した。

オ {

① **G—ウ　　H—オ　　Ⅰ—ア**　　　　② **G—ウ　　H—オ　　Ⅰ—イ**
③ **G—エ　　H—ウ　　Ⅰ—ア**　　　　④ **G—エ　　H—オ　　Ⅰ—ア**
⑤ **G—オ　　H—エ　　Ⅰ—ア**　　　　⑥ **G—オ　　H—エ　　Ⅰ—イ**

問11 健二君は**資料J**を踏まえて、**メモ**を作成した。**メモ**の（　**i**　）と（　**ii**　）に当てはまる語句とし
て、**正しいもの**の組合せを、下の①～④のうちから一つ選べ。

資料J　　　　　　　　　　**メモ**

> **資料J**の新聞は大学令が発布された
> **ウ**の時期に出されたものである。慶
> 応大学の学生の中には、（　**i**　）
> していることが書かれている。これは、
> 創立者である福沢諭吉の精神により、
> （　**ii**　）を重視したためである。

① **i**—大学令に賛成　　　　**ii**—学問の自由
② **i**—大学令に反対　　　　**ii**—学問の自由
③ **i**—大学令に賛成　　　　**ii**—国家の発展
④ **i**—大学令に反対　　　　**ii**—国家の発展

⑤ 北海道・沖縄

▶ 次の会話文は、北海道と沖縄の歴史に関する先生と太郎君、健二君のやりとりである。これを読み、問1～8に答えよ。

先生：今日は、北海道の歴史と沖縄の歴史について学習していきましょう。

太郎：北海道と沖縄を旅行した時、共通している歴史と異なる歴史があるのを知りました。

先生：まず共通していることは、縄文文化が今日の日本列島全域に及んだのに対して、弥生文化は北海道や南西諸島には及ばなかったことです。

健二：北海道には、どんな文化があったのですか。

先生：北海道では、本州の弥生・古墳文化の時期に（　ア　）文化がありました。

健二：本州の弥生文化と何が違うのですか。

先生：本州と大きく異なるのは、北海道・沖縄ともに気候的条件から（　イ　）を導入することができませんでした。しかし、弥生文化と比較して文化が停滞していることではありません。そして、北海道と沖縄が異なるところは、北海道が蝦夷地と呼ばれ、アイヌの人々の社会が生まれましたが、沖縄には琉球と呼ばれる国家が古くから形成されたことです。

太郎：たしか1429年に、沖縄本島を尚巴志が統一して、琉球王国ができたんですよね。

先生：そうです。その頃の琉球は、各地域に船を派遣して、それぞれの特産物を運ぶ⒜中継貿易をしていました。**資料A～C**はこれに関するものです。ただし、アイヌの人々も蝦夷地を拠点として本州の和人やサハリン（樺太）や大陸の人々と自由な交易をしていた点は共通していますね。

健二：⒝江戸時代になると、本州の人々と蝦夷地や琉球との関わり合い方にどのような変化がみられたのですか。

先生：蝦夷地ではアイヌ社会が幕藩体制の中には完全に組み込まれておらず、琉球でも王国が存続し続けていました。しかし、近代になると状況が変わってきます。

太郎：⒞両地域とも明治以降に日本に組み込まれましたね。その点は共通していますね。

先生：沖縄についてはその地理的条件が、繁栄につながった反面、逆に苦渋の歴史にもなりました。その最大の悲劇が、太平洋戦争末期の沖縄での地上戦で、多くの犠牲者を出したことです。また、その後は⒟米軍統治の時代となりました。

健二：2つの地域の歴史を学んでみて、日本の「境界」が、近代になって設定されたとわかりました。

資料A　万国津梁の鐘（1458年）の銘文

> 琉球国は南海の勝地にして、三韓(注1)の秀を鐘め、大明(注2)を以って輔車(注3)となし、日域(注4)を以って唇歯となす。此の二中間に在りて湧出するの蓬莱島なり。舟楫(注5)を以て万国の津梁(注6)となし、異産至宝は十方利(注7)に充満せり。
>
> (注1)三韓：朝鮮。　　　(注2)大明：中国。
> (注3)輔車：非常に深い関係があること。のちに出てくる「唇歯」も同義。
> (注4)日域：日本。　　　(注5)舟楫：船。
> (注6)津梁：架け橋。　　(注7)十方利：いたるところ。

資料B　琉球王国への交易ルート

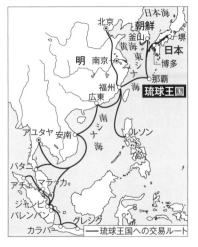

資料C　東アジアの貿易における輸出入品

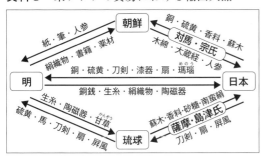

問1　会話文の（　ア　）と（　イ　）に入る語句の組合せとして、**正しいもの**を、次の①〜④のうちから一つ選べ。

①　アー貝塚　　イー稲作　　　②　アー続縄文　　イー稲作

③　アー貝塚　　イー鉄器　　　④　アー続縄文　　イー鉄器

問2　資料A〜Cについて述べた文a〜dのうち、**正しいもの**の組合せを、下の①〜④のうちから一つ選べ。

a　琉球は、北は朝鮮や日本、南は東西交通の要衝であった東南アジアまで交易を広げた。

b　資料Aの銘文が製作された頃は、琉球は明に朝貢すると同時に、薩摩の島津氏の支配下にあった。

c　琉球は、明から生糸や陶磁器、日本から香辛料や蘇木を輸入していた。

d　資料Aの銘文から琉球が交易により繁栄し、万国の架け橋になろうとした精神がうかがえる。

①　a・c　　　　　②　a・d　　　　　③　b・c　　　　　④　b・d

問3　下線部ⓐについて、太郎君は琉球が交易を拡大させ、中継貿易国として繁栄することができた理由を、資料Dとその解説を参照して、文章にまとめた。このまとめの（　ウ　）と（　エ　）に入る文章の組合せとして、**正しいもの**を、①〜④のうちから一つ選べ。

資料D

解説

> 進貢船
> 中国との朝貢貿易をおこなう進貢船は中国から支給された。明朝の記録には、琉球に対してしばしば海船を支給した記事があるばかりではなく、支給した船の修理まで面倒をみたと書かれている。また当時の中国は、海禁政策（中国が自国民の海外渡航・帰国・交易を禁止した政策）をとっていた。

まとめ

> 琉球王国は、明によって船を支給されて（　ウ　）を担い、朝貢を通じて、交易で得たものを明に供給した。中国が（　エ　）ため、中国商人の活動が限られたものであったことも要因にあげられる。

a　渡航許可証を発行する役割

　　b　貿易を代行する役割

　　c　積極的に交易をおこなっていた

　　d　海禁政策をとり、渡航を制限していた

① **ウ―a**　**エ―c**　　② **ウ―a**　**エ―d**

③ **ウ―b**　**エ―c**　　④ **ウ―b**　**エ―d**

問4　下線部ⓑに関連して、健二君は江戸時代の蝦夷地や琉球との関わりについて調べるため、琉球使節が江戸城に登城する様子を描いた**資料E**を見つけた。この使節は「江戸上り」と称され、「異国風」を装って、薩摩の島津氏にともなわれていくのがならわしであった。**事実X・Y**を参考に、琉球使節が「異国風」であることを強調された**理由**について述べた**a～d**との組合せとして、**最も適当なもの**を、下の①～④のうちから一つ選べ。

資料E

事実

　　X　徳川家光は、膨大な経費と労働力で完成した日光東照宮に、将軍・諸大名が参詣するだけではなく、海外からの使節による参詣を望んだ。

　　Y　使節団は、100人程度であった。行進中の奏楽は異国風の楽器を用いて珍しい音色だった。日本文化との触れ合いや学者・芸能家との交流もあった。

理由

　　a　「異国風」の使節をともない江戸に上ることは、薩摩藩にとって幕藩体制内における島津氏の地位を高めることができるから。

　　b　「異国」を支配したことを強調し、徳川家の権威を高める役割を果たすことになるから。

　　c　「異国」を演出することで「琉球王国」としての体面が保たれたうえ、そのアイデンティティを主張する機会ともなったから。

　　d　琉球が「琉球王国」としての体面を保つことで、琉球の中国への朝貢を廃止させることにつながるから。

① **X―a**　　**Y―c**　　② **X―a**　　**Y―d**

③ **X―b**　　**Y―c**　　④ **X―b**　　**Y―d**

問5 **資料F**は、「日高アイヌ・オムシャ之図」である。「オムシャ」とは、アイヌ語で「あいさつ」の意味があり、本来は交易に訪れた客人を歓待するための行事であったが、アイヌの最大の反乱を契機として、服従の儀式へと変化した。**資料G**は蝦夷地に関する年表、**資料H**はアイヌの衣服である。**資料G・H**を参考に、**資料F**から読み取れる内容**X・Y**について、その正誤の組合せとして、正しいものを、下の①〜④のうちから一つ選べ。

資料F

資料G

年	できごと
1457	コシャマインの戦い……**i**
1599	蠣崎氏、松前氏と改姓
1604	松前慶広、家康からアイヌとの交易独占権を認可。松前藩の成立。商場知行制成立
1669	シャクシャインの戦い……**ii**
18世紀前半	場所請負制度の成立
1789	クナシリ・メナシの蜂起……**iii**
1792	ラクスマン、根室に来航……**iv**

資料H

X 座敷の奥には津軽藩の武士が描かれ、手前の土間にはむしろを敷き、座して礼拝しているアイヌが描かれている。

Y むしろに座っているアイヌの中には、アイヌ文様とは異なる紋が描かれた陣羽織を着たものがいる。

① **X**─正 **Y**─正　　② **X**─正 **Y**─誤　　③ **X**─誤 **Y**─正　　④ **X**─誤 **Y**─誤

問6 オムシャの儀式が**資料F**でみられるように変化したきっかけは、**資料G**の **i 〜iv**のどのできごとか。**最も適当なもの**を、次の①〜④のうちから一つ選べ。

①　**i**　　　②　**ii**　　　③　**iii**　　　④　**iv**

問7 下線部ⓒに関連して、太郎君は近代の沖縄・北海道の**資料Ⅰ・J**の年表をみて、琉球やアイヌの人々が日本に組み込まれた後、どのような経緯をたどったのか調べた。琉球とアイヌの人々に共通していた内容**X・Y**とその根拠として考えられる**a〜d**の組合せとして、**最も適当な**ものを、下の①〜④のうちから一つ選べ。

資料Ⅰ　近代の沖縄

年	できごと
1879	沖縄県設置。琉球処分 旧慣温存策実施＝旧来通りの土地・租税政策（旧支配層の優遇）
1880	日本語普及のための教科書『沖縄対話』刊行
1887	忠君愛国の精神を養うために考案された「御真影」（天皇・皇后の写真）が他府県に先立って沖縄県立師範学校に下賜される
1898	謝花昇、参政権運動開始 徴兵令の施行
1899	最初の海外移民（ハワイ）
1903	人頭税廃止
1912	最初の衆議院議員選挙

資料J　近代の北海道

年	できごと
1869	開拓使設置。北海道と改称
1871	戸籍法制定。アイヌを平民に編入。入墨・耳輪を禁止
1875	樺太・千島交換条約。樺太アイヌを宗谷へ移住。最初の屯田兵入植
1898	北海道全域に徴兵令施行
1899	北海道旧土人保護法施行
1901	平取にアイヌ学校設置（〜1912、全道に21校）。アイヌ学校では、アイヌに対して日本語教育がおこなわれた
1902	最初の衆議院議員選挙

X 同化政策により、その地に住む人々の伝統的な生活文化が失われた。

Y その地に住む人々は日本に編入されたが、本土の人々と平等の措置はとられなかった。

根拠

　a 日本語教育などの教育が施された。

　b 海外に移民を送り出していること。

　c 徴兵令や衆議院議員選挙法の施行が日本本土より遅れていること。

　d 開拓のために本土の人々を入植させているから。

①　**a・c**　　　②　**a・d**　　　③　**b・c**　　　④　**b・d**

問8 下線部ⓓに関連して、健二君は次の**資料K〜M**を活用してアメリカ軍基地問題について考察した。読み取った内容**a〜d**について、**最も適当な**ものの組合せを、①〜④のうちから一つ選べ。

資料K　国際社会復帰後の年表

年	できごと
1951	サンフランシスコ平和条約
1953	内灘アメリカ軍試射場無期限使用反対で農民が座り込み
1955	東京都砂川町で立川基地拡張反対総決起集会
1956	島ぐるみ闘争（沖縄土地闘争）開始
1960	日米相互協力及び安全保障条約（新安保条約）調印
1965	アメリカ軍北爆開始。沖縄のアメリカ軍がベトナム出動
1969	佐藤・ニクソン会談。沖縄返還合意
1972	沖縄本土復帰

資料L アメリカ軍基地面積の推移

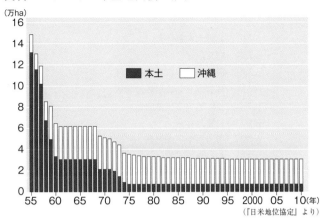

（『日米地位協定』より）

資料M アメリカ軍兵力の推移

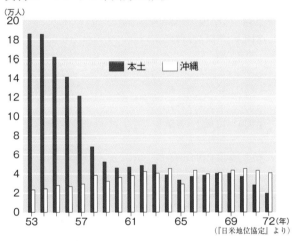

（『日米地位協定』より）

a 1960年代前半には沖縄と日本本土にほぼ同じ規模のアメリカ軍基地が存在することになった。

b アメリカ軍基地反対闘争の結果、本土と沖縄ともにアメリカ軍基地は減少した。

c 沖縄返還合意以降、沖縄のアメリカ軍兵力が日本本土のアメリカ軍兵力を上回っている。

d 1953年から新安保条約調印まで、本土におけるアメリカ軍兵力が増加している。

①　**a・c**　　　　②　**a・d**　　　　③　**b・c**　　　　④　**b・d**

写真所蔵・提供先一覧

著者

仙田　直人（成蹊中学・高等学校校長、元全国歴史教育研究協議会会長）

大舘　一基（東京都立大山高等学校）

古川　泰代（東京都立町田総合高等学校）

細川　貴之（東京都立田柄高等学校）

三井　由子（品川女子学院）

表紙デザイン　水戸部　功

大学入学共通テスト対策

資料ヨミトリ日本史問題集
Work & Practice

2021年7月10日　第1版第1刷　印刷
2021年7月20日　第1版第1刷　発行

編　者　　仙田直人
発行者　　野澤武史
印刷所　　株式会社　プロスト
製本所　　有限会社　穴口製本所

発行所　　株式会社　山川出版社
〒101-0047　東京都千代田区内神田1丁目13番13号
電話　03(3293)8131(営業)　03(3293)8135(編集)
https://www.yamakawa.co.jp/　振替00120-9-43993
＊

© 2021　Printed in Japan　ISBN978-4-634-01211-0

大学入学共通テスト対策

資料ヨミトリ日本史問題集 Work&Practice
解答・解説

山川出版社

第1部　ヨミトリWork

 原始・古代

 (p.2)

問1　ア：床　イ：3　ウ：方形周溝墓

　資料**A**は、神奈川県の大塚遺跡と歳勝土遺跡の復元模型である。資料**A**の**i**は高床倉庫で、収穫物をねずみなどに食べられないように、床を高くしている。集落には、つくりかけのものを含めて、3つの竪穴住居があることが読み取れる。弥生時代の墓制において、四角形の墓で周りに溝があるのは、方形周溝墓である。したがって、**ア**には床、**イ**には3、**ウ**には方形周溝墓が入る。

問2　③

　①は田下駄で、田植えなどに際して低湿地の深田に入る時に、足がめり込まないように履く大きな下駄。②は木臼で、米の収穫後に脱穀する際に使用する用具。③は石包丁で、稲穂を摘み取る半円形の石器である。使用順番は、①→③→②となる。

問3　集落の周りを濠で囲んだ。／柵を設置した。／土塁を設置した。

　外敵からの侵入を防ぐために、資料**A**では濠や土塁がつくられており、柵も設けられていることを読み取ることができる。

問4　武器を用いて人々が争う時代となった。

　資料**B**から、人骨に何かしらの武器による殺傷痕があることがわかる。また、資料**C**から、縄文時代と比べて、弥生時代の石鏃が武器として巨大化していることが読み取れる。

問5　環濠集落

　資料**A**のような周囲を濠で取り囲む集落を、環濠集落という。

 (p.3)

問1　ア：埴輪　イ：横穴　ウ：奈良県　エ：大阪府

　資料**A**は横穴式石室の模式図で、古墳の墳丘上には土製品の埴輪が置かれている。それまでの竪穴式石室では、追加で埋葬することができなかったが、横穴式石室は空間があり、追葬ができるようになった。したがって、**ア**には埴輪、**イ**には横穴が入る。

　資料**B**は、おもな古墳の分布と編年を組み合わせた

図で、古墳時代前期は奈良県に大規模古墳が出現しており、中期には大阪府に最も多く出現していることが読み取れる。したがって、**ウ**には奈良県、**エ**には大阪府が入る。

問2　X：×　　理由：岡山に第4位の造山古墳がある。

Y：○

　Xは誤り。資料**B**をみると、岡山県に第4位の造山古墳がある。**Y**は正しい。前期の副葬品は玉や鏡など呪術的なもので、首長は司祭者的な性格であり、中期・後期の副葬品は武具などであることから、首長は武人的な性格であると読み取ることができる。

 (p.4)

問1　ア：3　イ：32　ウ：山陰道

　資料**A**から正丁は、3人いることが読み取れる。記載されている人の数を数えると16人で、省略された16人と合わせると32人になる。したがって、**ア**には3、**イ**には32が入る。

　また、資料**A**に「逃」と記されているのは4名（出雲国・因幡国・因幡国・紀伊国）で、出雲国と因幡国は山陰道に該当し、紀伊国は南海道に該当する。したがって、**ウ**には山陰道が入る。

問2　2町3段120歩

　口分田は6歳以上の男女に支給され、逃亡先が特定されていれば、その人の分も支給されている。資料**A**の計帳においては、逃亡先が特定されているため、すべて該当となる。資料**B**から与えられる口分田は、男性が2段、女性が1段120歩であり、資料**A**には6歳以上の男性が5人、6歳以上の女性が10人（6歳未満の女性が1人）の記載があるので、合計で2町3段120歩となる。

問3　エ：女性　オ：人口

　資料**A**をみると、女性が圧倒的に多いことが読み取れるので、**エ**には女性が入る。

　資料**C・D**をみると、国司の勤務評価に人口の増加の項目があることが読み取れる。したがって、**オ**には人口が入る。人口の増加が国司の成績評価につながったため、資料**A**のように、国司が税（調・庸）負担のない女性の数を水増ししたと思われる計帳が全国で散見される。

問1　多賀城

　資料Ａに「此城神亀元年(724)」に「大野朝臣東人之所置也」とある。資料Ｂで724年を探すと多賀城であると判断できる。

問2　渤海

　資料Ｃからもともと高句麗があった地の一部に渤海が位置している。また、リード文にある松原客院から渤海使航路を読み取ることができる。

問3　20町

　資料Ａより、大野東人は「従四位上」であることがわかる。資料Ｄより、従四位に与えられる位田は20町である。

問4　誤：信濃川　正：北上川

　資料Ｂをみると、信濃川沿いの日本海側から進出し、のちに北上川沿いの太平洋側から進出していったことが読み取れる。

問1　ア：藤原種継　イ：法成寺　ウ：桂川　エ：日本往生極楽記

　長岡京の造営を主導したのは、式家の宇合の孫である藤原種継である。したがって、アには藤原種継が入る。資料Ａの平安京の外にある寺のうち、藤原道長が建立した寺は法成寺である。したがって、イには法成寺が入る。

　リード文に「右京の開墾は進まなかった」とあるので、資料Ａの平安京の右京（西側）をみると、桂川が流れていることがわかる。したがって、ウには桂川が入る。

　慶滋保胤は平安中期の文人で、浄土思想を普及させるために『日本往生極楽記』を著した。したがって、エには日本往生極楽記が入る。

問2　④

　資料Ａより、左京の六条三坊は朱雀大路の東側、四条大路より南側であることが読み取れるので、④のエリアにあたる。

問3　②

　資料Ｂより「東京の四条以北、乾艮の二方は、人人貴賤となく、多く群聚する所なり」と記載がある。「東京」は左京に当たり、その四条より北のエリアは、②であるとわかる。

問1　ア：14　イ：茶　ウ：応天門　エ：東

　資料Ａをみると、平安京の外周には14の門があることが読み取れる。また、北東部には「茶園」があり、平安京内においても茶の栽培がおこなわれていた。したがって、アには14、イには茶が入る。

　大納言伴善男が左大臣源信の失脚をはかっておこしたのは応天門の変である。リード文の「国司の交代事務に関する部署」は勘解由使のことで、朝堂院の東の方向にある。したがって、ウには応天門、エには東が入る。

問2　式部省

　資料Ｂの（1）は詔勅の文案に関しての省庁のため、中務省である。（2）は文官の人事や学校である大学に関しての省庁であるため、式部省である。（3）は戸籍に関する省庁であるため、民部省である。したがって、オはこの3つの省庁の中で、資料Ａに記載されていない式部省である。

問1　ア：高方　イ：実政　ウ：願西　エ：二百(200)

　資料Ａ・Ｂを組み合わせて読み取る問題である。資料Ａに、「寿妙の末流高方の時、権威を借らむがために、実政卿を以て領家と号し、年貢四百石を以て割き分ち、高方は庄家領掌進退の預所職となる」と記載されているため、アは高方、イは実政であると判断できる。また、「実政の末流願西、微力の間、国衙の乱妨を防がず。この故に願西、領家の得分二百石を以て、高陽院内親王に寄進す」との記載があるため、ウには願西、エには二百(200)が入る。

問2　ⅰ：本家　ⅱ：領家

　領家とは、開発領主などから荘園の寄進を受けて領主となったものである。本家は、領家がさらに寄進した場合の上級領主であり、多くは摂関家や皇族である。資料Ａにはおいても、領家と本家の関係を読み取ることができる。

問3　寄進地系荘園

　国司からの圧迫を免れるため、開発領主らがその所有地を貴族や寺社などの権門勢家に寄進することで成立した荘園を、寄進地系荘園という。

問4　権威を借らむがために

　寄進地系荘園の特徴として、中央の権門勢家などの

権威を必要としているため、資料Aから権威に関する記述を抜き出せばよい。

8 (p.9)

問1 ア：除目　イ：受領　ウ：彰子　エ：定子

　資料Aから摂政・関白の職務として、大臣以外の官を任じる儀式である除目と、官人に位階を授ける儀式である叙位があることから、アには除目が入る。資料Bより、中小貴族が受領の地位を求めて、様々な私財の提供などをしていたことが読み取れるので、イには受領が入る。

　資料Cから、藤原道長の娘で後一条天皇に嫁いだのは彰子、藤原道隆の娘で後一条天皇に嫁いだのは定子であると読み取れるので、ウには彰子、エには定子が入る。

問2 後一条天皇、後朱雀天皇、後冷泉天皇

　藤原氏は娘を天皇の后妃に入れ、生まれた外孫にあたる皇子を天皇に立てて、みずから外祖父として権力を握った。外祖父とは、母方の祖父であるため、資料Cから藤原道長が外祖父に該当する天皇は、即位順に後一条天皇、後朱雀天皇、後冷泉天皇であることが読み取れる。

問3 天皇と外戚関係ではなかったから。

　資料Cから、藤原実頼と藤原道長を比較すると、どちらも摂政に就いているが、実頼は天皇と外戚関係でないことが読み取れる。摂関政治において重要なのは、天皇と外戚関係になることであった。

2 中世

1 (p.10)

問1 源頼朝

　資料Aは、建久3（1192）年に発給された御判下文である。当時の将軍は、源頼朝である。

問2 小山朝政

　資料A・Bは、ともに左衛門尉藤原朝政という人物に発給されている。資料Aには「下　下野国左衛門尉藤原朝政」、資料Bには「補任　地頭職事　左衛門尉藤原朝政」とあるが、注2より「左衛門尉藤原朝政」は、小山朝政であることがわかる。

問3 吾妻鏡

　『吾妻鏡』は、1180年の源頼政の挙兵から1266年の宗尊親王の帰京までを、日記体で記した鎌倉幕府の記録である。

問4 A：将軍　　B：政所

　資料Aは御判下文のため、発給者は将軍である源頼朝。資料Bは政所下文のため、発給者は鎌倉幕府の政所である。

問5 政所下文と謂ふは家司等の署名なり

　源頼朝は、建久元（1190）年10月に権代納言・右近衛大将に任じられ、地頭の任命にもそれまでの「御判下文」にかわり、「政所下文」を用いはじめた。しかし、千葉介常胤は、政所下文は家司たちの署名で、後鑑にしがたいので、頼朝の袖判下文を求めている。

2 (p.11)

問1 元

　この絵巻が『蒙古襲来絵詞』の一場面であることがわかれば、竹崎季長が戦っている相手が元であることがわかる。

問2 てつはう

　「てつはう」は、陶製の球形容器の中に黒色火薬を詰めたもので、殺傷能力より、大きな音と強い光をこわがる馬の動揺をねらった武器とされる。

問3 ア：集団　イ：防塁（石築地）　ウ：安達泰盛　エ：北条時宗

ア資料Aでは、竹崎季長が一人で戦っているのに対し、元軍は複数で応戦していることから、元軍は集団戦法をとっていたことがわかる。当時の武士には、事前に戦いの場所を決める、代表者が名乗りをあげる、馬に乗ったまま矢いくさをする、などの戦いの作法があり、それを守ろうとしたことが、竹崎季長の苦戦の原因であったことが想像できる。

イ資料Bの絵は、弘安の役による元軍の襲来に備えて御家人たちが生の松原の防塁（石築地）に陣取る様子を描いたもの。資料Aでは、元軍が上陸していることから、文永の役の様子を描いたものと考えられるため、絵巻は資料A→資料Bの順番で場面が進んでいる。

ウ資料Cの年表の1275年の内容より、竹崎季長が恩賞を得るために面会した御家人は、安達泰盛であることがわかる。その後、季長は恩賞を得ていることから、この対面が功を奏したようである。安達泰盛は、こののち、1285年に霜月騒動で亡くなっており、絵巻は、このことを悼んで作成された、という説がある。

エ資料**C**の年表より、元寇の時の執権は北条時宗であることがわかる。知識として知っていたい事柄ではあるが、読み取り型の問題の場合、問題文や資料をよく見てみると、暗記しておくべき知識が答えとして書いてある場合もあるので、見直しの際、よく資料や問題文を読み直す習慣をつけたい。

<hr>

3〉(p.12～13)

問1　下地中分

資料**A**は、『東寺百合文書』に伝わる「伊予国弓削島荘相分差図」で、弓削島荘の下地中分を示した図である。弓削島荘は、平安後期に成立し、1239年に東寺領となった。年貢として塩をおさめたことから「塩の荘園」として知られる。この図は、1306年頃に作成されたと考えられている。

問2　a：×　　理由：1239年に後白河天皇の娘から東寺に寄進されている。

b：○

c：○

d：×　　**理由**：田畠・山林のほかに、塩浜があることがわかる。

e：×　　**理由**：領家が弓削島の3分の2を得ており、地頭が3分の1を得ているにすぎない。

a弓削島荘は、平安時代後期に成立した荘園であるが、東寺の所有となったのは1239年である。

b資料**A**より、島の東部の串方は領家分となっている。

c辺屋路嶋は、資料**A**の中で弓削島の北西にある小島として円で示されており、「地頭預所等分也」とあるほか、資料**C**にも「辺屋路嶋は等分とする」とある。

d資料**B**や資料**C**に、「塩浜」の文字がみられる。

e資料**A**によると、「串方」と「鯨方」は領家分、「大串方」は地頭分とされているため、領家分が3分の2、地頭分が3分の1となっている。このことから、土地制度の解決方法について、つねに地頭に有利であったとはいえない。

<hr>

4〉(p.14)

問1　馬借

資料**C**に「今津の馬借」と書かれいてる。馬借は、室町時代の運送業者で、陸上交通の結節点を拠点にして、年貢や商品を搬入した。

問2　③

資料**C**の注2で、九里半街道が近江北部から若狭小浜に通じる街道であると説明されているので、③が正しい。九里半街道は、近江の今津から若狭の小浜に通じる道である。

問3　a：×　　理由：徒荷（かち）については、苧が七文に対し、鉄は三文となっている。

b：×　　**理由**：苧の主産地は越後である。

c：○

d：×　　**理由**：野々川衆は九里半を通って若狭で商売をする近江商人である。

a苧の方が徒荷の時の関銭が高い。苧は、中世の重要な衣料原料であり、その主産地の越後府内・柏崎などの湊から海路で若狭に運ばれ、琵琶湖水運を利用して近江坂本に陸揚げされるのがメインルートであった。天王寺苧座は、公家の三条西家を本所として、畿内において販売していた。

b資料**B**の注3にあるように、苧の主産地は越後であった。なお、戦国大名の上杉謙信は、衣料の原料としてこれを京都などに売り出し、莫大な利益を上げた。

c資料**C**に、「九里半の事は、高島南市……の商人、進退仕る事」と書いてあるため、正しい。高島南市の商人は、小幡商人などとともに五箇商人に数えられている。五箇商人は、九里半街道を支配する商人だった。

d野々川衆は、保内商人の一部。保内商人とは、近江国蒲生郡得珍保のうち、西部4カ郷の商人のことで、本来は農民であるが、市場専売権や街道通行権などの特権を獲得し、伊勢国・若狭国・尾張国など遠隔地商業に従事した。塩・呉服・紙・海草・馬などを取り扱った。

<hr>

5〉(p.15)

備中国新見荘は、平安時代末期に成立し、室町時代には東寺が領家と本家を兼ねて支配していた。新見荘では、1461年に代官の横暴に怒った百姓が代官を追い出し、1462年に新たにやってきた代官が東寺の僧侶祐清だった。

問1　空海

東寺を嵯峨天皇から賜ったのは、空海である。

問2　祐清

冒頭の問題文および資料**A**より、祐清が東寺の年貢の納入について報告していることから、祐清が代官として当荘園で年貢の徴収・納入をおこなっていることがわかる。

問3　品名：紙　量：9束

資料**A**の冒頭に「御年貢の紙ハ」とあるため、新見荘の年貢は紙であったことが読み取れる。また、資料**A**の最後に「以上九束ハ寺家（東寺）へ参らせ候」とあることから、年貢は、紙9束であったことがわかる。祐清は、百姓の年貢滞納によって紙を1束しか徴収できなかったため、残りの8束を1貫文で買い集めて人夫に運ばせたと考えられる。新見荘高尾地区では楮による和紙の生産がおこなわれており、鎌倉時代には東寺に紙を納入していた。高尾和紙（新見紙）として、伝統技術は現在に引き継がれている。

問4　125文

資料**A**に「紙を八束、一貫文にてかい候て」とある。注2にあるように、「一貫文」は1000文であることをふまえると、8束で1000文となるため、1束は125文である。

問5　杉原（杉原紙）

資料**B**より、引合の上品は1束700文に対し、杉原の上品は1束800文なので、杉原紙の方が高値で取引されていたことがわかる。杉原紙は原産地を播磨とし、越前の鳥子紙と並んで全国的に著名な和紙として流通していた。

3　近世

1 (p.16〜17)

問1　A名称：安土城　A場所：ア
B名称：大坂城　B場所：オ

資料**A**は織田信長の居城であるので、安土城だとわかる。尾張国出身の信長は1560年の桶狭間の戦いで今川義元を破り、その後、美濃の斎藤氏を滅ぼして岐阜城に移ると「天下布武」の印判を用い、天下統一を目指した。安土城は1576年に近江の安土に築城を開始し、1579年に完成した。

資料**B**は豊臣秀吉が築城した大坂城である。信長の時代に一向一揆の拠点であった石山本願寺との戦いが終結し（石山戦争）、1583年、石山本願寺の跡地に秀吉が築城して、3年がかりで完成した。

問2　資料Aが山城であるのに対し、資料Bは平地に城をつくった平城である。

「城の築かれた場所に着目して」とあるので、城づくりの特徴を考える。安土城は琵琶湖をのぞむ山上に5層7階の天守をもつ最初の近世的城郭である。資料

Aの絵図から山の地形を生かした城づくりであったことがわかる。一方、大坂城の周囲は平地であり、城の周囲を堀や石垣で固めた。天守は5層9階で安土城におとらず、華麗なものであった。

問3　堺

資料**C**は、ポルトガル人宣教師ガスパル＝ヴィレラが本国に送った書簡（『耶蘇会士日本通信』）で、堺の繁栄の様子を伝えている。戦国時代には、戦国大名の経済振興政策もあり、経済が発展し、各地の町や村が自主性を高め、様々な都市が成立した。その中でも、日明貿易で栄えた堺は、資料**C**にもあるように会合衆と呼ばれた豪商らによる合議制で自治都市の性格を備えていた。

問4　X：執政官に依りて治めらる
Y：町は甚だ堅固にして、西方は海を以て、又他の側は深き堀を以てかこまれ、常に水充満せり

X町の特徴である会合衆と呼ばれた豪商らについて、ガスパル＝ヴィレラは水の都ベニスにたとえて表している。

Y堺の経済力を望む戦国大名たちも多く、信長や秀吉は堺を直轄化した。堺の町は周囲を堀で囲み、傭兵による自衛がおこなわれていたために、ガスパル＝ヴィレラも「当堺の町より安全なる所なく」と記している。

問5　千利休

堺の代表的な豪商としては、茶の湯を大成した千利休（宗易）のほか、今井宗久、津田宗及などがいる。堺は日明貿易や南蛮貿易の根拠地として栄えた都市であり、鉄砲の産地としてもその名を全国に知られた。豪商らと関係を深める中で、戦国大名たちにとって茶の湯は社交のための重要な手段となり、特別な茶道具で茶会を催し、時には茶器などを恩賞として家臣に与え権力を示した。

問6　③　理由：関所を廃止して、商品流通を盛んにした。

織田信長の天下統一事業についての問題である。

①正しい。楽市令では商工業者に自由な商業活動を認めている。信長は、自治都市として繁栄を誇った堺へも圧力をかけて直轄領とし、畿内の経済力を掌握した。

②正しい。信長は1569年に撰銭令を出し、貨幣間の交換比率を定め、撰銭を制限した。

③誤り。関所は設置したのではなく、廃止した。信長は、1568年関銭徴収のために置かれていた領内の関

所を廃止し、新道を建設するなど物資の流通や兵の移動の円滑化をはかった。

④正しい。一向宗勢力と信長の戦いは1570年から約11年におよんだ。とくに伊勢長島の一向一揆では3度にわたり攻撃し、1574年信長側が鎮定した。

2 (p.18)

問1 ア：ポルトガル　イ：生糸　ウ：イエズス会

ア南蛮屏風に描かれた人物であるので、スペイン人とポルトガル人である。

イ南蛮貿易のおもな輸入品は中国産の生糸や鉄砲・火薬などで、当時の戦国大名たちは南蛮渡来の品々を買い求めた。

ウ大名は貿易を望み領内でのキリスト教布教活動を認めるものも多く、資料の屏風にも黒衣の宣教師が描かれている。ザビエルと同じ会派であることから、イエズス会である。

問2 寺の屋根の上に十字架があるから。

南蛮屏風に描かれている南蛮寺(教会堂)は、従来の仏教寺院を改造したものが多かった。資料Aの南蛮寺の上部に十字架が掲げられていることがわかる。室内の様子も描かれているが、縦じまのマントの人物が拝んでいる対象物(イエス像など)の様子まではわからない。

問3 鉄砲(火縄銃)

資料Bの出典は『鉄炮記』である。薩南学派の南浦文之が種子島への鉄砲伝来について聞き記したもの。下線部⑥を現代語訳すると、「形は中に穴が開いていてまっすぐで、重い。……底の近くには小さな穴があり、それは火を通す道であった」となるので、鉄砲だとわかる。

問4 時堯

鉄砲が伝来した島が種子島であり、鉄砲を購入した人物とあるので、島主の種子島時堯が答えである。鉄砲は高値であったが、時堯はその価値を認め購入したことがわかる。

3 (p.19)

問1 菓子／草履

資料Aの表からは、同様の品物を複数の商いで取り扱っていることが読み取れる。とくに菓子類は7軒で扱っており、当時の農民にとって需要が高かったことがわかる。そのほか、日常生活での消耗品である草履

の扱いも多い。

問2 にしん魚類／ところてん

上野国利根郡は現在の群馬県北部に位置する。内陸部の横塚村にも海産物が届いていた。資料Aの中の吉五郎が「にしん魚類」を扱っており、にしんを中心に魚類も農村部で手に入ったことがわかる。ところてんも海藻類の加工製品であるため、これを答えてもよい。

問3 くず繭／打ち綿

江戸時代後期、北関東の桐生・足利などは絹織物業が盛んな地域であった。一部の地域では問屋が農民に原料や資金を前貸しして、加工賃を払って製品を引き取る問屋制家内工業がおこなわれていたが、19世紀に入ると工場制手工業(マニュファクチュア)も出現した。織物業に関連する品物であるため、くず繭(生糸にならない短いもの)や打ち綿が適当である。

問4 ②

資料Aのように農村部でも貨幣経済は広く浸透し、小商いによる収入で家計を補填する農民も出現していたことがわかる。商品はその地の特産品だけではなく、海産物や菓子類など様々である。

X横塚村のような内陸部の農村でも加工品や海産物が手に入るという流通ネットワークが存在していたことが推測される。

Y村方騒動とは、村役人らの不正を追及する抗議運動である。小商いの農民と零細農民との対立から発展することはなく、資料Aから読み取ることもできない。

4 (p.20)

問1 出羽最上

紅花はキク科の二年草で、アザミに似た花をつける。花びらから紅色の染料がとれ、口紅や鎮痛用の薬品としても利用された。また、種子からは油がとれる。江戸時代には資料Aにあるように、出羽国の最上地方で全国の約40%を生産しており、最上紅花とも呼ばれ、一大産地となった。

問2 ア：紅花
アの用途：着物などの染料として使用

収穫した紅花は、すり鉢や臼でつき丸めて乾燥させる。乾燥したものは紅餅と呼ばれ、俵につめて出荷された。紅餅から紅の色素を取り出して、布を染めるために用いられた。

問3 ③

植物イは楮、植物ウは菜の花である。漆は樹液を採

取し木椀などに塗る植物、櫨はろうそくの原料である。

問4　紙（和紙）

　資料Dは、紙をつくる工程である。楮の樹皮を繊維状にして漉く工程が特徴である。美濃や土佐では日用に使用する半紙などを、越前では高級紙の鳥の子紙や奉書紙を生産した。

問5　油

　資料Eは、油をつくる工程である。荏胡麻も古代から油の原料であるが、近世になると菜種油や綿実油の生産が上回った。油は灯油の原料として広く利用された。

 （p.21）

問1　a：○

b：×　理由：資料Bに無量寺と大原神社がある。

c：○

d：×　理由：街道を横切る2本の道は現在もある。

　村絵図と現在の地図を比較する問題である。

a 資料Aの村絵図にも現在の東金街道沿いにも、家が建ち並んでいる。冒頭の問題文中にも、街道の開通とともに集落が移ったという記述があるので、こちらでも判断は可能である。

b 資料Bの現在の地図をみると、東金街道沿いには大学が建設され、敷地が大きく広がっていることがわかる。しかし、大学の東側に神社、街道よりやや北側の線路近くには寺があるので、誤り。

c 資料Bの地図中に京成電鉄本線の線路が東西を横切っている。鉄道開通にともない、かつての街道のにぎわいは駅北側へと移り、学校や住宅街が密集していることが読み取れる。駅南側は北側と比較すると、畑地が広がり住宅数は少ないので、正しい。

d 資料Aと資料Bでは、縮尺の違いや自然景観の変貌などに大きな違いがあるが、街道を中心として今なお残る寺社や道もある程度残されている。村絵図では街道を南北に横切る2本の道が大きく描かれている。同様に、現在の地図上にも街道を**Y**字のような形で線路に向かう道があり、江戸時代に使用されていた道が今でも道路として利用されていることが推測できる。**d**の文は2本の道路のうち1本のみと述べているので、誤り。

問2　浜：九十九里浜　　漁法：地曳網漁

　この村は千葉県習志野市付近であり、東金街道は江戸から千葉東金方面へ将軍が鷹狩に向かうためにつくらせた道である。街道の先には九十九里浜が広がる。

東金街道を知らなくても千葉県であることや、東へ進むというヒントから、九十九里浜を導くことは可能である。絵図には浜で網をひく様子が描かれているので、地曳網漁であることがわかる。

 （p.22〜23）

問1　ア：12　　イ：13　　ウ：6　　エ：表店
オ：棟割　　カ：土蔵　　キ：三井　　ク：店賃

　大伝馬町の町割りを活用した問題である。直線で1軒分が区画され、表通りに面して店舗が建ち並ぶ。一般的な棟割長屋では裏側にも住居があり、裏長屋と呼ばれるが、資料Bでは土蔵があったことがわかる。土地購入者は呉服屋や両替商の大商人とあるので、三井家とわかる。家守は長屋の住人から地代や店賃を取り立てていた。

問2　①

　①〜⑧のうち、①に「5間7尺　清左衛門」の字がみえる。小津和紙の創業者は小津清左衛門で、小津清左衛門の名は代々受け継がれていった。

4　近代・現代

① （p.24）

問1　琉球（琉球王国）

　冒頭の問題文に幕末とあり、資料Aの下部には「**LEW CHEW**」とある。したがって、「ある国」とは、幕末の沖縄である琉球（琉球王国）である。

問2　守礼門

　資料Aにみえる形状から、琉球王国の首里城正殿の正門に当たる「守礼門」と判断できる。

問3　ペリー

　資料Aの下部には、「**PERRY**」の文字が書かれており、ペリー艦隊の一行であることがわかる。ペリー艦隊は、1853年5月に琉球の那覇沖に来航し、首里城訪問を要請したが拒否された。しかし、ペリーは琉球の意向を無視して武装して上陸し、首里城に進軍している。資料Aは、守礼門まで進軍したペリー一行の様子を描いたものと考えられる。琉球側は入城する際、武具の持ち込みや兵隊の入場を拒み、ペリーはその指示に従っている。

問4　X：×　　理由：ペリー一行が琉球王国に初めて来航したのは、浦賀来航前である。

Y：○　理由：琉球の人々は、武器ももたずに礼をするなど、丁寧な対応をしている。

Z：○　理由：資料Aの左下に、外国人一行に同行したハイネが描いたと書かれている。

X 1853年5月、ペリーは浦賀に来航する前に初めて琉球に来航し、開国の要求をおこなっている（冒頭の問題文に「初めて」とある）。ペリー艦隊は、この琉球を中継基地として、小笠原に行ったのち、浦賀に来航し、上海に戻る際にまた琉球に寄っている。

Y 守礼門下の右側で、琉球王国の人たちがペリー一行に頭を下げて丁寧な対応しており、「敵対する態度」はとっていない。

Z 資料Aの下部に「**W.Heine**」とある。ハイネは、琉球や浦賀に来航した際に同行した画家で、その絵は『ペリー提督　日本遠征記』の挿絵として収録されている。

2〉(p.25)

問1　ビゴー

　資料Aは、ビゴーが創刊した漫画雑誌『トバエ』第1号（1887年2月）に掲載された「魚釣り遊び」を原題とする風刺画である。『トバエ』は横浜の居留地で発刊され、時事問題や風俗を批判的に描写した。

問2　ロシア

　資料Bは、1891年創刊の『中央新聞』の1903年10月号に掲載された「火中の栗」と題する風刺画である。日本がア（イギリス）からの「火の中から栗の実を取って来たまへ」との指示に従い、栗（朝鮮）を焼いているロシアに立ち向かう日露戦争直前の姿が描かれている。資料Aには、中央に「**RUSSIE**」（ロシア）とある帽子をかぶった男が描かれているので、資料Aと資料Bの両方に登場する国はロシアである。

問3　日英同盟協約

　ア（イギリス）の言葉の根拠となる条約は、日露戦争直前の1902年に、日本がイギリスと結んだ日英同盟協約で、これにより日英同盟が成立している。

問4　⑤

　イは「**COREE**」と書かれており、朝鮮とわかる。ウは、資料Aが日清戦争前の状況を表していることと、その服装から、清とわかる。エの人物は、胸に「米」と書かれており、アメリカとわかる。

問5　X：×　　理由：日露戦争前ではなく、日清戦争前の状況を風刺している。

Y：×　理由：イギリスが日本にロシアに向かうよう指示をしている。

X 資料Aは、朝鮮の支配権争いをしている日清戦争前の両国の対立を描いている。また、朝鮮の横取りをねらうロシアの野心も描いており、「漁夫の利」ともいわれた。

Y ロシアに対抗するため、東アジア進出をもくろむイギリスは、この同盟により清における利益を守るため、日本との同盟を成立させ、ロシアに対して強硬な姿勢をみせた。そのため、日本は日英同盟を根拠とするイギリスの指示でロシアに立ち向かい、アメリカはその様子を傍観している。

3〉(p.26)

問1　仮名垣魯文

　資料Aは、仮名垣魯文が著した滑稽本『安愚楽鍋』である。資料A中に「仮名垣魯文が往還へ、小便をして、伐銭を取られて、狂歌を詠んだ、なんぞという大虚説」と述べており、ここから仮名垣魯文が作者であると読み取れる。魯文は、戯作者として文明開化の世相を滑稽化した作品を残しており、1871～72年に書かれた『安愚楽鍋』以外にも『西洋道中膝栗毛』などの作品がある。

問2　牛鍋

　資料Bは、『安愚楽鍋』の挿絵である。資料A中に「うしをくうこと」とあり、挿絵で食しているメニューは、牛鍋である。

問3　中村正直

　『自由の理』を著した人物は、文明開化期に啓蒙思想の普及に努めた中村正直である。中村はミルの『自由論（**On Liberty**）』を翻訳し、この本で功利主義と自由の重要性を説いた。このほか、スマイルズの『自助論』を翻訳した『西国立志編』も有名である。

問4　ざんぎり頭

　1871年に散（断）髪令が布告されたことによって流行した断髪頭は、ざんぎり（散切り）頭と呼ばれた。ざんぎり頭は文明開化のシンボルとされ、「ざんぎり頭をたたいてみれば、文明開化の音がする」とまでいわれた。

　X：×　　理由：『横浜毎日新聞』は仮名垣魯
文のことを載せた新聞で、挿絵の人物が手にして
いる新聞ではない。

Y：×　　理由：髪型は自由になったが、ちょんまげ
は禁止されていない。

X 挿絵の人物が手にもつ新聞は、資料**A**に「日新堂
から届いた」とあることに注目したい。この新聞は、
1872年にイギリス人ブラックが創刊した『日新真事
誌』で、1874年に自由民権運動の口火を切った「民
撰議院設立建白書」を掲載し、反響を呼んだ。『横
浜毎日新聞』（資料**A**では「横濱の『毎日新聞』」）は、
1870年に創刊した日本最初の日刊新聞で、本木昌造
の鉛製活字を使った1枚両面刷りである。

Y 散（断）髪令の布告は1871年で、『安愚楽鍋』が出版
された時期とは合っているが、髪型が自由になった
だけでちょんまげでも構わなかった。資料**B**の左側
に描かれている人物は、ちょんまげの頭である。

④ (p.27)

問1　**ア：地価**　**イ：地租**　**ウ：3**

1643年、江戸幕府は田畑永代売買を禁止する法令を
出し、農民が所持する田畑の売買を禁じた。幕府農政
の基本政策の一つで、貧農の没落などを防ぎ、本百姓
を維持することで、年貢の確保をはかった。これに対
して、明治政府は田畑永代売買の禁を解き、1873年に
地租改正条例を公布して、翌年から地租改正に着手し
た。資料**B**は、この条例にもとづいて発行された地券
で、地租は地価の100分の3と定められた。地租改正
前後の変化については、以下のように対比して覚える
ことが重要である。

課税基準：収穫高→地価
税率：収穫高の30〜40％→地租（地価の3％）
納入方法：物納→金納
納税者：年貢負担者（耕作者）→地券所有者（地主）

問2　**壬申地券**

資料**A**は、1872年に田畑永代売買の禁が解かれた際
に発行された最初の地券で、その元号をとって「壬申
地券」と呼ばれた。資料**A**の年号から「壬申」の干支
が読み取れる。

問3　**4円73銭**

資料**B**の地券には、「一田壱畝廿五歩」と田の広さ
が書かれた左側に、「地価四円七拾三銭」と地価が明
記されている。

問4　**14銭2厘**

変更前の地租は3％であり、資料**B**に「此百分ノ三
金拾四銭貳厘」とある。

問5　**西暦：1877年**　　**払うイ：11銭8厘**

資料**B**の地券には、地租が地価の3％の税率であっ
た地租改正当初のものと、税率が2.5％に下がった明
治10年の時の二つが載せられている。「明治十年」は
西暦では1877年で、変更後の地租は「拾壱銭八厘」と
明記されている。

問6　米価が低くなったが、地価の設定が高く、地租
改正反対一揆がおこったため。

地租改正では、従来の年貢による収入を減らさない
方針であったため、地価の設定を高くしていた。しか
し、1876年に米価が低くなったことから、農民にとっ
て高額な地租が大きな負担となり、大規模な地租改正
反対一揆がおこったため、翌年、政府は税率を2.5％
に下げた。税率の変更は「竹槍でドンとつき出す二分
五厘」といわれた。最初に茨城県でおこった反対一揆
は、三重・愛知・岐阜・堺にも広がり、政府は軍隊で
これを鎮圧した。茨城の一揆は地域名をとって「真壁
騒動」、5万人におよぶ三重県の一揆は「伊勢暴動（三
重大一揆）」と呼ばれた。

⑤ (p.28〜29)

問1　『東京パック』

資料**A**は、1910年発行の『東京パック』に載せられ
た風刺画で、資料**A**の上部に『東京パック』と雑誌名
が書かれている。『東京パック』は、1905年に創刊さ
れた漫画雑誌で、北沢楽天が中心となって政治風刺漫
画を描いた。

問2　日露戦争の戦費調達のため。

リード文にあるように、第1次桂太郎内閣は1901年
から1906年まで続いた。資料**C**の年表にあるように、
1902年に日英同盟を成立させ、1904年から翌年にかけ
ては日露戦争となったが、これは新兵器が登場する近
代戦であったため、軍事費が膨らんだ。そのため、桂
内閣は日露戦争の戦費約17億円のうち、約13億円を国
内外の国債に依存した。しかし、残り3億円以上を非
常特別税などの増税で対応することとなり、資料**A**の
風刺画のように国民への負担が増大した。

問3　日露戦争後のポーツマス条約で、ロシアから賠
償金が得られなかったため。

日露戦争後のポーツマス条約では、賠償金がまった
く取れないことがわかったため、調印当日の講和反対

国民大会が暴徒化する日比谷焼打ち事件となり、桂内閣は総辞職した。

問4　陸軍

資料**B**も、1912年発行の『東京パック』に載せられた風刺画である。国家財政が悪化する中で組閣された第2次西園寺公望内閣に対して、海軍は建艦計画の実現を、陸軍は二個師団増設を求めたことを風刺している。資料**B**の右側の西園寺村の公兵衛（西園寺公望）が草刈り（緊縮財政）をおこなっているところに、陸軍村関係者（前内閣で陸軍大臣の寺内正毅朝鮮総督）が「二個師団増設」と書かれた杭をもち、海軍村関係者が「海軍拡張」と書かれた杭を打ち込んで、公兵衛を困らせている様子を描いている。

問5　韓国（大韓帝国）

寺内正毅は、前内閣の第2次桂太郎内閣において陸軍大臣を務め、1910年の韓国併合により韓国の統治機関として設置された朝鮮総督府の初代総督となった。陸軍は、韓国併合により植民地化された韓国の常設師団として、陸軍は二個師団増設を要求した。その背景には、外蒙古への警戒と内蒙古における権益の確保という目的があった。1911年の辛亥革命で、孫文が清朝を滅ぼし、中華民国を成立させると、陸軍はこの要求を西園寺首相に強く迫った。

問6　軍部大臣現役武官制

第2次西園寺内閣の上原勇作陸相は、帷幄上奏権（大臣が天皇に直接政務を報告できる権利）を使って辞職した。1900年に法制化された軍部大臣現役武官制では、軍部に対する政党の影響力を阻止する目的で、陸軍・海軍大臣は現役の大将・中将から任用することとなっていた。このように軍部が大臣を推薦しないと、内閣総辞職に追い込まれる結果となった。

問7　尾崎行雄

資料**D**は、1913年2月の第30議会で、桂太郎内閣への不信任案が上程された時の立憲政友会の尾崎行雄による弾劾演説の場面を描いたもので、演台で指を指す尾崎とそれを見る桂首相（左下）が描かれている。

また、資料**E**はその演説内容を記した議事録の抜粋である。尾崎行雄は、「憲政の神様」と呼ばれ、その議員勤続年数は63年に及んだ。当時、尾崎は立憲政友会に属しており、その代表として桂内閣弾劾の演説をおこなった。

問8　天皇

資料**E**にある「彼等ハ玉座ヲ以テ胸壁トナシ、詔勅ヲ以テ弾丸ニ代ヘテ政敵ヲ倒サントスルモノデハナイ

カ」の部分がヒントとなる。玉座（天皇の座る席）や詔勅（天皇の意思を表示する文書）の言葉から、「天皇」とわかる。

問9　立憲同志会

第3次桂内閣発足に対して、立憲政友会の尾崎行雄や立憲国民党の犬養毅らは、「閥族打破・憲政擁護」をスローガンに憲政擁護運動を展開し、第1次護憲運動と呼ばれた。これに対して桂太郎も非政友会系の新党を組織して対抗しようとした。それが資料**E**の下線部@にある「政党」のことで、資料**C**の年表の1912年に書かれている「立憲同志会」である。第3次桂内閣は、議会停止など議会を軽視する態度をとったことから、内閣不信任案が提出され、結果として、53日という短さで退陣した。

問10　**a**：×　　**b**：○　　**c**：○　　**d**：×　　**e**：×

a 資料**G**の年表から、第一次世界大戦の勃発が1914年とわかる。1914年以前を資料**F**のグラフで確認すると、輸出超過ではなく、輸入超過である。

b 1914年の輸出額は約6億円で、5年後の1919年には約21億円であり、3倍以上となっていることが資料**F**から読み取れる。資料**G**の年表をみると、第一次世界大戦（1914～18年）がこの時期におこっており、日本も参戦していることから、影響があったと読み取れる。

c 資料**F**のグラフをみると、1914年に「11億円の債務国（負債を抱えている国）」であった日本が、1920年には「27億円以上の債権国（金銭などを貸与している国）」になったことが読み取れる。このことは、この間に対外純資産が38億円以上増えたことを示している。

d 資料**G**の年表をみると、1920年に戦後恐慌がおこったことがわかる。資料**F**グラフで1920年を確認すると、輸出額・輸入額の両方とも減少していることが読み取れる。

e 資料**G**の年表をみると、1923年の関東大震災後の翌年に震災恐慌がおこったことがわかる。資料**F**のグラフで1923～24年を確認すると、輸出額は関東大震災直後に一時的に減少したが、震災恐慌後は輸出額・輸入額とも増加している。

6 （p.30）

問1　久米邦武

岩倉使節団は、1871年に条約改正の予備交渉などの

ために欧米に派遣された使節団で、大使は明治政府の中枢を担った公家出身で右大臣の岩倉具視である。しかし、欧米の視察はできたが、改正の予備交渉はできずに1873年に帰国した。資料**A**は、岩倉使節団に随行した久米邦武がその記録を『特命全権大使 米欧回覧実記』としてまとめたもので、当時の異文化接触の貴重な資料である。久米は帝大教授の時に書いた論文「神道は祭天の古俗」が国学者などから非難を浴び、辞職する事件をおこしている。

問2　④

資料**B**は、明治天皇の事績を残すために建てられた明治神宮聖徳記念絵画館の壁画の一つで、山口蓬春によって描かれたものである。3名が乗る艀（本船と埠頭を結んで運航する小舟）に描かれているのが、左から大久保・岩倉・木戸である。資料**A**のⅢに「小蒸気船ニ上ル」と書かれており、Ⅳでは使節一行が船の各部屋に入ったことが読み取れる。小蒸気船とは艀のことであるため、それが本船へと向かう④の時期が正解となる。

問3　アメリカ（号）

資料**A**に「「アメリカ」ト号ス」と書かれており、船名がアメリカ号だとわかる。

問4　イ：木戸孝允　オ：山口尚芳

岩倉使節団の副使は、冒頭の問題文と資料**A**のⅠからわかるように岩倉以外の4名である。人物コメントカードをみれば、**イ**が木戸孝允、**ウ**が大久保利通、**エ**が伊藤博文とわかる。残り1名の副使**オ**は、資料**A**のⅠから山口尚芳とわかる。

問5　X：×　Y：○　Z：○

X資料**A**のⅠで、「皆東京ヲ発シ、横浜ニ着シ」とあるため、横浜から出発したことがわかる。

Y資料**A**のⅣで、「女学生」（女子留学生）のことが書かれており、資料**B**の右下の小舟にも和装姿の女性が描かれている。女子留学生は、資料**A**のⅣでは4名と記されているが、実際には、数え8歳で渡米したのちに女子英学塾を開いた津田梅子、のちに大山巌と結婚した山川捨松、永井繁子、吉益亮子、上田悌子の5名であった。

Z資料**C**にある大使岩倉具視は、洋装の副使に囲まれて真ん中におり、ちょんまげ姿の和装である。資料**B**でも船に乗る和装姿の岩倉がみてとれる。

7（p.31）

問1　ア：講武所　イ：日米修好通商　ウ：咸臨丸

ア講武所は、1856年に江戸の築地に設立された、幕府の武術訓練機関である。翌年には、軍艦操練所も併設された。

イ1860年、遣米使節（万延遣米使節、正使は新見正興）は、米軍艦ポーハタン号で日米修好通商条約の批准書交換のために渡米し、ブカナン米大統領と謁見した。

ウ遣米使節には、幕府の軍艦咸臨丸が随行し、初めて太平洋横断に成功した。艦長には海軍伝習所で指導を受けた勝義邦（海舟）が就き、ジョン万次郎や福沢諭吉らも同行した。

問2　海軍伝習所（長崎海軍伝習所）

資料**B**は、「長崎海軍伝習所 練習艦観光丸 並出島和蘭屋敷図」といわれ、昭和期に入ってから、当時の伝習所を考証復元したものである。海軍伝習所（長崎海軍伝習所）は、1855年、長崎西役所（現在の長崎県庁付近）に設置された海軍の教育機関で、4年間伝習がおこなわれた。

問3　出島

長崎港内に設置された扇形の埋立地は、出島とわかる。1641年、出島にオランダ商館を建設して、いわゆる鎖国が完成している。そのため、資料**B**にもオランダ国旗がみえる。

問4　オランダ

資料**B**で、出島沖にみえる船は、オランダから寄贈された軍艦観光丸（スンビン号）で、この船を使ってオランダ海軍士官らが指導に当たった。

問5　長崎製鉄所

資料**A**に「汽船の機関を製造・修理できる工作機械を設備した造船所（長崎製鉄所）が建設され」とあり、海軍伝習所の関連施設としてこの造船所がつくられたことがわかる。

8（p.32〜33）

問1　支那兵（中国軍）が満鉄線を爆破したこと。

資料**A**は1931年9月19日付の『東京朝日新聞』の記事である。見出し部分において「奉軍満鉄線を爆破」とセンセーショナルなタイトルがついている。また、本文において「暴戻なる支那兵が満鉄線を爆破し我が守備隊（関東軍）を襲撃したので」、関東軍が応戦した

ことが書かれている。したがって、事実とは異なるが、新聞記事には、支那兵(中国軍)が満鉄線を爆破したことが戦闘の発端となったと書かれている。

問2　謀略

資料**B**は関東軍作戦主任参謀の石原莞爾が書いた「満蒙問題私見」(1931年5月)である。石原は満州を占領し、その資源によって、日米による世界最終戦争を遂行することを主張した。資料**B**の四に着目すると、解決の動機は、「正々堂々軍部主動／謀略ニ依リ機会ノ作製」とあることから、正々堂々と軍部主導で解決に乗り出し、そのためには謀略によって機会をつくると書かれている。

問3　合法な自衛措置とは認められない。

資料**C**はリットン報告書である。1932年2月、国際連盟はイギリスのリットン卿を団長とする調査団を中国や関係国に派遣して報告書をまとめた。この報告書では、日本の経済的利益に中国側は配慮すべきと指摘しつつも、柳条湖事件以降の日本の軍事行動を正当と認めなかったことをさえておきたい。資料**C**の最後の部分に着目すると、「同夜……日本軍ノ軍事行動ハ合法ナル自衛ノ措置ト認ムルコトヲ得ズ」とある。したがって、この報告書では、日本軍の行動は、合法的な自衛権の発動としては認めることができないとしている。

問4　ア：中国(支那)　イ：支持(正当化)　ウ：慰問

関東軍の自作自演による柳条湖事件からはじまる満州事変であるが、資料**A**から読み取れるように、当時の新聞は軍の報道をそのまま受け入れ、報道したことがわかる。また。資料**E**では冒頭に「禍の基は……支那側の増上慢」とあり、武力衝突の原因を中国側にあると断定し、非難している。また、「日本軍の強くて正しいことを徹底的に知らしめよ」とあり、この部分から新聞の軍部を支持する姿勢が読み取れることから、**ア**には中国、**イ**には支持(正当化)が適当である。

資料**D**の新聞の見出しに「満州事変　将士慰問金」とあることから、当時の新聞社が軍部への慰問金募集を大々的に実施し、国民の戦意高揚に努めたことがわかる。したがって、**ウ**には慰問が入る。

9 (p.34〜35)

問1　ア：野村　イ：三井　ウ：三菱

資料**A・B**を丁寧に読み取りたい。1948年10月1日より、野村銀行が大和銀行、三井銀行・十五銀行が帝

国銀行、三菱銀行が千代田銀行に変わったと書いている。したがって、**ア**が野村、**イ**が三井、**ウ**が三菱となる。**GHQ**による民主化政策の一つである財閥解体により、旧財閥系の銀行が社名を変えさせられた。

問2　財閥

リード文に、「財閥・寄生地主制が軍国主義の温床になった」とある。よって、フローチャートの**エ**に当てはまるのは、財閥である。

問3　i：独占禁止法　　ii：過度経済力集中排除法

財閥解体への道を時系列に問う問題である。1945年11月、まず三井・三菱・住友・安田など15財閥の資産の凍結・解体が命じられた。翌年には持株会社整理委員会が発足し、指定された持株会社・財閥家族の所有する株式などの譲渡を受けて、これを一般に売り出し、株式所有による財閥傘下企業支配を一掃しようとした。さらに1947年には、いわゆる独占禁止法によって持株会社やカルテル・トラストなどが禁止され、過度経済力集中排除法によって巨大独占企業の分割がおこなわれることになった。1948年には325社が過度経済力集中排除法の指定を受けたが、占領政策の変化により実際に分割されたのは、日本製鉄・三菱重工など11社だけであった。したがって、**i**には独占禁止法、**ii**には過度経済力集中排除法が適切である。

問4　東アジアで生ずる可能性がある、社会主義陣営との冷戦の深刻化を防ぐため。

資料**D**はロイヤル陸軍長官の演説「日本を全体主義の防壁へ」(1948年1月6日)である。資料**D**の後半に注目すると、「今後東亜に生ずるかも知れぬ新たな全体主義的戦争の脅威に対する妨害物の役目を果たしうる」とあるように、冷戦の深刻化により対日占領政策を大きく転換させ、反共の防壁にするという方針に転換したことがわかる。よって、巨大独占企業の分割が11社だけにとどまったことや、1950年代に入って銀行名が財閥解体以前の社名に戻った理由がここにあると考えられる。

10 (p.36〜37)

問1　ア：92.0　イ：37.1　ウ：金納　エ：農業協同組合

資料**B**に注目する。「自小作別の農家割合」のグラフをみると、1949年は自作56.0%、自小作36.0%であり、合計すると92.0%になる。したがって、**ア**は92.0となる。「経営耕地別農家比率」のグラフでは、1941年では1〜2町歩が27.0%、2町歩以上が10.1%なの

で、合計すると37.1％になる。したがって、**イ**は37.1となる。

資料**C**は農林省が作成した、農地改革後の農民の意識改革啓蒙用のポスターである。②から小作料が金納になったことがわかるので、**ウ**には金納が入り、⑤に「みんなの利益を上げる農業協同組合が生まれた」とあるので、**エ**には農業協同組合が入る。

問2 **オ**：認めない　**カ**：ない　**キ**：国家

資料**A**を丁寧に読み取る必要がある。まず上から二つ目の「不在地主」に関して、第一次・第二次ともに「小作地保有は認めない」としている。よって、**オ**には認めないが入る。また、その次の行の「在村地主」に関して、自小作地の制限は「ない」となっているので、**カ**にはないが入る。最後に「譲渡方式」であるが、第一次では「地主・小作農の協議」であったことが、第二次では「国家が買収」しそれを「小作農に売り渡す」方式に変わっている。したがって、**キ**には国家が入る。

問3　零細農家の比重が高まったため、就農人口が減り、第2種兼業農家の割合が高まった。

資料**D**から、専業農家・第1種兼業農家・第2種兼業農家はいずれも1950年代以降、右肩下がりであることがわかる。とくに専業農家と第1種兼業農家の減少が著しく、相対的に第2種兼業農家の割合が高まった。これは、農業所得だけでは生計を立てられなくなったことを意味している。

11 (p.38～39)

問1 **ア**：33.7　**イ**：26.1　**ウ**：435　**エ**：4100
オ：10650

資料**A**をそのまま読み取ると、**ア**には33.7、**イ**には26.1が入る。この後、リード文にあるように「金額でみてみる」と、アメリカに関していえば、1960年は世界計1.5兆ドルのうち33.7％の5055億ドルで、1973年は世界計5.0兆ドルのうち26.1％の13050億ドルである。日本については、1960年は世界計1.5兆ドルのうち2.9％の435億ドルで、1973年は世界計5.0兆ドルのうち8.2％の4100億ドルである。**EC**については、1960年は世界計1.5兆ドルのうち17.5％の2625億ドルで、1973年は世界計5.0兆ドルのうち21.3％の10650億ドルである。したがって、**ウ**には435、**エ**には4100、**オ**には10650が入る。

問2　**a**：×　理由：アメリカのGNPの総額も約2.5倍になっている。

b：○　理由：1951年に工業生産額が戦前の水準に達している。

c：×　理由：1960年には、戦前の水準の2倍である。

d：○　理由：GNPの各国の割合において、ソ連が15.2％から13.5％に減少している。

a 金額ベースでみてみると、日本は435億ドル→4,100億ドル、ECは2,625億ドル→10,650億ドル、アメリカは5,055億ドル→13,050億ドルとなっている。このことから日本・ECだけではなく、アメリカにおいてもGNPの金額が約2.5倍になっており、アメリカも経済成長をしている。したがって、「アメリカ以外の国は」という箇所が誤り。

b 資料**B**をみると、工業生産が1951年には戦前の水準に達していることがわかる。

c 実質国民総生産は1951年、1人当たり実質国民総生産も1955年には戦前の水準に達している。双方とも1960年には戦前の水準の2倍になっているので、誤り。

d 割合だけに着目すると、確かに世界全体のGNPのうちソ連の占める比率が減少している。

問3　**カ**：固定相場(単一為替レート)　**キ**：対米
ク：外国技術　**ケ**：増加

日本の高度経済成長の要因として、世界全体が1960年代を通じて経済成長を遂げていたこと、また1ドル＝360円という輸出にとって非常に有利な為替レートであったことがあげられる。戦後の貿易では、円とドルの換算比率は品目別に異なる複数の為替レートでおこなわれていたが、1949年に一律に1ドル＝360円に定め、円を国際社会に復帰させた。この1ドル＝360円は日本経済発展に絶妙な設定であった。この設定のもと、資料**C**から読み取れるように、日本の対米輸出は対アジア輸出を上回り、1955年から1972年までは順調に拡大させていったことがわかる。したがって、**カ**には固定相場(単一為替レート)、**キ**には対米が入る。

また、高度経済成長を牽引したのは、大企業による膨大な設備投資で、当時はそれを「投資が投資を呼ぶ」といった。鉄鋼・造船・自動車・電気機械・化学などの部門で、アメリカの技術革新の成果を取り入れて設備の更新がなされ、石油化学・合成繊維などの新たな産業も発展した。資料**D**より、すべての分野において1951年から外国技術の導入件数が年々増加してい

ることが読み取れる。したがって、**ク**には外国技術、**ケ**には増加が当てはまる。

問4 1974年

　資料Eから、▲印（マイナスの意味）がついている年を読み取ればよい。

問5 ドル危機（ニクソン＝ショック）・石油危機（オイルショック）

　これまでみてきたように日本の高度経済成長を支えたのが、対米輸出の急増である。また、ベトナム戦争の戦費の膨張により、アメリカの金が流出しドルへの信頼が揺らぎはじめていた。こうした状況でアメリカのニクソン大統領が、1971年にドル防衛を目的に突如、金とドルの交換停止などを発表し、大幅な為替レートの切り上げを要求してきた。これがドル危機である。

　また、1973年には第4次中東戦争の勃発により、アラブの産油国がイスラエル寄りの欧米や日本への石油輸出制限を実施した。これは安い石油を湯水のように使って、高度成長を遂げてきた日本経済に打撃を与えることになった（石油危機）。こうして二つのショックを経て、日本の高度経済成長は終焉をむかえた。

原始・古代

1 (p.42)

問1　内容Ⅰ：④　　内容Ⅱ：②

　資料**A**は『宋書』倭国伝である。内容Ⅰに関して、**X**は、資料**A**に倭国がみずから「使持節都督倭・百済・新羅・任那・加羅・秦韓・慕韓七国諸軍事安東大将軍倭国王」と称したとの記述があるが、宋は武を「使持節都督倭・新羅・任那・加羅・秦韓・慕韓六国諸軍事安東大将軍倭王」に任命したとあり、倭国が自称した際の「七国諸軍事安東大将軍」ではないため、誤り。百済はすでに宋に封じられていたため、除かれた。**Y**は、資料**B**から中国が南北に分断されていることがわかるため、誤り。

　内容Ⅱに関して、**X**は資料**A**に「そこで朝貢の道は、百済を経由し、船舶を整えておりました」という記載があるため、正しい。**Y**は資料**B**より、洛陽は宋の都市ではなく、北魏の都市であることがわかるため、誤り。

問2　④

　資料**A**が『宋書』であるため、倭国が向かった資料**B**の**ア**には宋が入る。また、資料**A**に「百済を経由し」とあるため、資料**B**の**ウ**には百済が入る。

問3　②

　来日した渡来人に関する問題である。**X**は正しい。秦氏の祖である百済の弓月君は、機織りを伝えた。**Y**は誤り。曇徴は高句麗から来日し、紙・墨・絵具の製法を伝えた。また、百済の観勒は暦法などを伝えている。

2 (p.43)

問1　④

　資料**B**は、『隋書』倭国伝で、前半には第１回遣隋使について記載されており、通訳がうまく伝えられなかったという説もあるが、倭王が夜に政治をおこなっていると皇帝に伝えたところ、改めるよう注意されたことが書かれている。④は、役人に対して朝早く来るように指摘しているのがわかる。

問2　⑥

　資料**A**の年表から、遣隋使派遣後に小墾田宮を整備していることがわかるため、**ア**は小墾田宮。**イ**は、資料**B**から、第２回遣隋使では中国皇帝と同じ「天子」を自称するなど、臣属しない形式であることが読み取ることができる。**ウ**は、第１回遣隋使の内容は、ヤマト政権にとって、都合がよいものではなく、『日本書紀』にみる第２回遣隋使は、国内的には中国と対等であることをアピールするような記載があるため、天皇の権威を確立するためであると判断することができる。

3 (p.44)

問1　③

　資料**A**は三世一身法である。**a**は正しい。**b**は、「開墾を営む者有らば、多少を限らず、給ひて三世に伝へしめん。若し旧き溝池を逐はば、其の一身に給せん」と記載されており、未開墾地に関しては、三代にわたって所有を認めるが、すでに開墾されている土地に関しては、一代限りとされているので、誤り。

　資料**B**は越前国道守荘の図である。**c**は、越前国の道守荘が東大寺の寺院付近にあるわけではないため、誤り。**d**は、資料**B**の模式図によれば、百姓家の土地は荘園内はなく、荘園に隣接した地にあるため正しい。

問2　③

　資料**C**は改新の詔である。**X**は誤り。「昔在の天皇等の立てたまへる子代の民、処々の屯倉、及び、別には臣・連・伴造・国造・村首の所有る部曲の民、処々の田荘を罷めよ」と天皇が設置していた屯倉に関しても廃止するように記載されている。

　Yは正しい。「初めて戸籍・計帳・班田収授の法を造れ。凡そ五十戸を里と為し、里毎に長一人を置け」と記載されていて内容と合致している。よって、③が正しい。

問3　⑤

　資料**A**は、政権担当者が長屋王の時に出された三世一身法(723年)である。資料**B**は寺社が墾田しているので、墾田永年私財法(743年)、あるいは加墾禁止令(765年)以後の絵図であると考えられる。資料**C**は、孝徳天皇の時に出されたとされる改新の詔(646年)である。したがって、**C→A→B**の順となる。

4 (p.45)

問1　⑤

　資料**A**は、７世紀後半から８世紀初頭の初唐期の影響を受けた白鳳文化の時期の法隆寺阿弥陀三尊像である。資料**B**は、10～11世紀の摂関政治期が中心の文化である国風文化の時期の平等院鳳凰堂阿弥陀如来像で

ある。資料Cは、7世紀前半の推古朝期が中心の飛鳥文化の時期の中宮寺半跏思惟像である。仏像のイラストだけでは判断がつかないが、カードをみていくと読み解くことができる。

まず、カードⅠは、光明皇后（光明子）の母であることが書かれており、おおよその時期が判断できる。また、仏像が3体あることが読み取れるので、資料Aとわかる。カードⅡは、中国の南朝であることと、片足をもう一方の足に乗せて台座に座る半跏の様子に関して記載されており、半跏の姿をしている資料Cであると判断できる。カードⅢには、末法思想に関しての記載があり、木と木を組み合わせる平安後期の寄木作についても記述がある。また、背面の光明に関して記載されており、これは資料Bであると判断できる。

問2　④

Xは、誤り。カードⅠには、金銅仏と記載されているため、木造ではないことがわかる。Yは、誤り。資料B（カードⅢ）の仏像のみ、平安時代の末法思想の影響を受けた仏像である。

2　中世

1 (p.46)

冒頭の問題文に、資料Aは承久の乱後に出された法令であることが明記されており、資料A中に「加徴は段別に五升」とみえることから、資料Aは1223年に出された新補率法であることをふまえて解答する。

問1　②

新補率法が出された時の執権を答える問題である。1223年当時の執権は、北条義時である。

問2　③

新補率法の内容について、誤っているものを答える問題である。資料A中に「本自将軍家の御下知を帯し、地頭たるの輩の跡、没収の職として改補せらえるる所々に於いては、得分縦ひ減少すと雖も、今更加増の限りに非ず」とあり、もとの地頭としての得分が新補率法の基準より少ない場合は、新補率法に合わせず得分を加増しないと定めているため、③が誤り。

①については、資料Aが新補率法であることがわかると、「去々年」とは2年前なので1221年である。つまり、この戦乱は承久の乱と判断できる。

②については、資料の冒頭に、「右、宣旨の状の如くば、……尤も以て神妙」とあるので、正しい。

④については、資料A中に、「本司の跡、得分尋常の地に至っては、又以て成敗に及ばず」とあるため、正しい。つまり、新補率法とは、これまで得分の基準がなかった土地について、新たに得分を認定するものであった。

問3　③

承久の乱前後の地頭のあり方の変化について確認する問題である。

aには、地頭請所の増加について書かれているため、承久の乱後の状況を説明しており、適切ではない。bには、地頭の設置が平家没官領に限定していることが書かれていて、承久の乱以前の地頭を説明している。

cには、東国武士が西国に所領をもつようになって、所領争いがおこるようになったことが書かれており、承久の乱後の状況として正しい。dは、「現地の支配権は荘園領主の手に移っていった」とあるが、承久の乱後は、地頭の荘園侵略が盛んになったため、誤り。

2 (p.47)

問1　①

資料Aの御成敗式目に、「右、法意の如くばこれを許さずと雖も」とある。法意とは、律令の趣旨のことを指すことを考えると、律令では女人養子を認めていないことがわかるため、①が誤りである。

②資料Aに、「加之、都鄙の例先蹤惟れ多し」とあるので、国中に前例があることがわかる。

③資料Bを確認すると、大友能直から妻深妙尼に相続がおこなわれたことがわかる。

④資料Bより、嫡男が相模国大友郷を相続し、庶子が豊後国大野荘を分割相続していることが読み取れる。

問2　②

鎌倉時代の相続の方法の変化を、資料から読み取る問題である。aは、資料Bより、犬御前や美濃局、帯刀左衛門尉後家が一期分の適用を受けているので、正しい。bは、資料Bより、女性が土地を相続していることがわかるので、誤り。選択肢c・dについては、資料Cより、鎌倉時代末期に嫡子単独相続をおこなっている例がみられるので、dが正しい。

3 (p.48〜49)

問1　③

資料Aの中で、「御家人にあらずと雖も、軍功を致す輩有らば、抽賞せらるべき」とあり、すべての非御家人ではなく、軍功をあげた者の中で、とくに優れた

者が恩賞を得る、と書かれている。

①については、年号が「文永十一年」となっている。これは1274年のことなので、正しい。

②については、「九国住人等、其の身は縦ひ御家人にあらずと雖も」とあるため、正しい。

④については、注4・5より、相模守(当時の執権北条時宗)から豊後国守護大友頼泰に出されていることがわかる。

問2 ②

a正しい。資料Bをみると、1333年の鎌倉幕府滅亡時に、未設置国がいくつかあるので、すべての国に守護が設置されていたわけではないことがわかる。たとえば大和国などは、南都の寺院が大きな勢力をもっていたため、鎌倉・室町時代を通じて守護を設置することができなかった。

b誤り。宝治合戦後の北条氏一門の守護設置は15カ国、それに対し、霜月騒動の頃は28カ国となっている。設置国数は大幅に増加したが、2倍以上にはなっていない。

c誤り。九州地方には、北条氏一門の守護国は広がっているが、得宗の守護国ではない。

d正しい。文永の役後、長門探題・九州探題が設置され、それぞれ北条氏一門がその役についていることが資料Cからわかる。

問3 ②

モンゴル襲来後に成立した政治体制は、得宗専制政治体制であるため、②が正しい。

①は、守護大名や国人が登場していることから、室町時代の支配体制を示したもの。

③は、鎌倉殿のもと、有力御家人が合議していることを示しているため、鎌倉時代初期の政治体制を示したもの。

④は、将軍のもと、執権と評定衆が政治をおこなっていることから、執権政治体制を示したもの。

4 (p.50～51)

問1 ④

大山崎の神人の本所は石清水八幡宮で、北野天満宮は麴座の本所である。また、油の原料は荏胡麻で、楮は紙の原料となる。

問2 ②

資料Bは、応永4(1397)年の資料である。足利義満は、1394年に将軍職を息子の足利義持に譲っているため、この時の将軍は義持となる。

問3 ③

資料Cより、山崎胡麻船の出航地は、播磨・備前・讃岐・阿波であり、いずれも東日本ではなく中国・四国地方であることがわかる。

①については、資料Aの院政期に成立した『信貴山縁起絵巻』の山崎長者の家に搾油器があることから、院政期には搾油がおこなわれていたと考えられる。

②については、資料Bの内容より、このことを読み取ることができる。

④については、資料Dより、兵庫から淀川を通って、大山崎に航路が描かれていることから、正しいと考えられる。

問4 ④

資料Bから、大山崎以外でも油の原材料である**イ**の荏胡麻を摂津や近江の商人も取引していることがわかるので、④の「大山崎以外で原材料を入手することが困難」は誤り。

①について、大山崎は舟運による利便性が高く、大都市京都とも結ばれていたので正しい。

②について、大山崎は、川を利用して京都・奈良に物を運びやすい位置にある。また、資料Eより、寺院で遅くまで灯りをともして執務がおこなわれていることから、この内容は正しい。

③について、資料Dより、大山崎は淀川と木津川の合流点であり、舟運が発達していたことがわかる。

3 近世

1 (p.52～53)

問1 ⑥

江戸時代の農具に関する問題。資料Aは唐箕、資料Bは千歯扱、資料Cは千石簁である。**X**は籾から玄米を選別する農具であるので、資料Cを説明している。唐箕も選別する農具であるが、唐箕は器具の中に落とした殻粒を風力で籾殻や藁くずを外に除くものである。**Y**は資料Bの千歯扱を説明している。千歯扱は元禄期に考案された脱穀具で、従来の扱箸より効率が上がった。

問2 ④

米の収穫工程を考える問題である。稲を刈り取ったあとに、稲穂から籾を取り出し(千歯扱)、籾の大きさにより選別をおこない(千石簁)、選別ののちに籾殻などを風力で吹き飛ばし整える(唐箕)、という工程にな

る。そのほか、江戸時代の農具には田の荒起こしや深耕用の備中鍬、灌漑用の小型揚水車である踏車なども登場し、生産力も著しく向上した。

問3　③

　新田開発に関して、田畑面積の増加と石高の増加をグラフから読み取る問題である。**X**について、慶長年間の面積163.5万町歩に対し、享保年間は297万町歩である。2倍近くまで増加しているが、2倍には達しておらず、説明文の「2倍以上」は誤りである。**Y**について、資料**E**の石高のグラフをみると、慶長3年は1,851万石に対し、元禄10年は2,588万石、天保5年は3,056万石と大幅に増加していることがわかる。倍率に換算すると、元禄期は約1.4倍、天保期は約1.65倍であるので、説明は正しい。

問4　③

　資料**F**の『民間省要』の著者田中丘隅は武蔵川崎の名主出身で、農政・治水の見聞をまとめた農政意見書を幕府に提出し、代官に登用されて多摩・埼玉2郡で3万石を管理した人物である。

　aは江戸時代に牛馬を用いた大型農具による大規模な農業は発達しなかったので、誤り。なお、秣とは牛馬の飼料であるが、秣自体を刈敷として田畑に用いた例もある。

　bは干鰯の値段が高騰している記述があるので、正しい。

　cは干鰯などの金肥が普及したので、正しい。

　dの大蔵永常の『公益国産考』は19世紀の刊行であるため、誤り。

問5　②

　1707年の富士山噴火にともない、噴火による降灰が酒匂川に留まったことで土手が崩壊した。徳川吉宗は、その治水事業を町奉行の大岡忠相に命じ、大岡は田中丘隅を復興工事の責任者に任命した。資料**H**にあるように、いわゆる**Z**型という人工土手をつくって自然崖に水を当て、水の勢いを弱める方法で1726年に事業は完了した。よって、**X**は正しい。しかし、その後も酒匂川は大雨や台風の際に堤防決壊を繰り返し、周辺の村を困らせた。資料**G**では1734年に決壊したことが記されており、**Y**は誤り。

2　(p.54〜55)

問1　①

　享保の改革期における幕府領の石高と年貢収納高に関する問題である。カード I には吉宗の在職期間が示

されているので、資料**A**の期間でいつが享保の改革期であったのかを確認することができる。

　a 1663〜1672年の10年間の石高と年貢収納高は最も低いので、正しい。

　b カード II は上げ米の制の説明であり、期間は1722年から1731年までとわかる。この期間後も、年貢収納高は緩やかに増加しているので、誤り。

　c 1686〜1695年を1663〜1672年と比較すると、年貢収納高は増加している一方で、年貢収納率は減少しているので、正しい。

　d 吉宗の在職期間はカード I にある。この期間では石高は最も上昇しているうえ、年貢収納率は1745年以降も増加しており、誤り。

問2　③

　享保の改革でおこなった政策としては、①漢訳洋書の輸入制限の緩和、②目安箱の設置、④町火消「いろは」47組の結成、⑤公事方御定書の編纂などがあげられる。③の江戸石川島に人足寄場を設置したのは、寛政の改革をおこなった老中松平定信である。定信は吉宗の子田安宗武の七男で、白河藩松平家の養子となった人物である。

問3　③

　資料**B**は武蔵野新田の地割が描かれた絵図である。武蔵野新田は、享保の改革の一環として大岡忠相の指導下で開発が進められた。**X**について、各耕地は大きさが様々であり、すべて同じ大きさに統一されていないので、誤りである。**Y**について、新田の特徴としては短冊状に区画された各耕地に地番が付けられ、所有者の氏名も明記されている。新田開発にともない、道も整備されたことが読み取れるので、正しい。

問4　③

　Xは資料**C**の中農層に注目する。慶長期には72.7%であるので7割以上であるが、天保期は26.1%で、72.7%の3分の1より多いため、誤りである。**Y**は資料**C**の小農層に注目する。享保期は43.1%であり、明暦期の17.2%の約2.5倍であるため、正しい。

3　(p.56)

問1　①

　遠藤周作の『沈黙』は、江戸時代のキリシタン弾圧を宣教師ロドリゴの視点から描いた歴史小説である。この場面に登場する司祭とはロドリゴで、先に棄教した宣教師フェレイラの説得により踏絵の前に立った場面である。信仰心に背きイエスの顔を踏むまなければ

ならない心情をよく表している。**Y**に入る文章は、形などどうでもいいとせかす通辞の言葉に対し、踏んだ瞬間の心の痛みを「それは形だけのことではなかった」と表現している。踏絵とは信者にとっては信仰心を踏みにじる精神的拷問であったことがわかる。

問2 ②

a 通辞が絵踏をせかしているとあり、司祭は外国人であるとわかる。

b 「あの人は多くの人に踏まれた」「銅板のあの人」とあるので、「あの人」とは踏絵に描かれたイエスであり、信者ではない。

c 大名の入信を許可制にし、バテレン追放令を出したのは豊臣秀吉の時代であるため、誤り。

d 1622年の元和の大殉教のことを述べており、正しい。

問3 ④

Xについて、「日本の禁教政策は海外への周知は一切なかった」とあるが、鎖国中でもオランダや中国、朝鮮との貿易はおこなわれており、一切海外への周知をしていないことはない。また、設問文に「布教を目的として」と書かれており、「知らずに来日」したのは誤り。**Y**は、『西洋紀聞』は西洋研究書であることが設問文中にも書かれており、海舶互市新例(長崎新令・正徳新令)との関連性は読み取ることができないため、誤りである。

4 (p.57)

問1　内容Ⅰ：②　　内容Ⅱ：②

内容Ⅰでは資料**A**に着目する。**X**について、東京の寺子屋の総数は488であり、そのうち女経営主が営む寺子屋の数は53である。女経営主の営む寺子屋の数は約10.9%で、1割以上を占めているため、正しい。

Yについて、江戸時代の三都とは江戸(東京)・大坂(大阪)・京都であるため、それぞれの私塾・寺子屋の総数をみる。東京は610、大阪は798、京都は600である。他県をみると、岡山では私塾・寺子屋を合わせて1175、熊本は954、兵庫は873と三都よりも多く、**Y**は誤り。

内容Ⅱでは資料**B**・**C**に着目する。資料**B**は女経営主の身分を示しており、身分は様々であることがわかる。**X**について、東京と熊本の士族出身者をみると、東京が私塾・寺子屋を合わせて19、熊本が13である。この資料の他府県の士族出身者は、すべて合わせても8であるため、**X**は正しい。

Yについて、資料**C**から読み取ると、女経営主176

名のうち、士族が52名、平民76名、農民18名とある。このことから高い身分出身者でなくとも女経営主として、私塾や寺子屋を経営していた女性が多かったことがわかる。したがって、**Y**は誤り。

4 近代・現代

1 (p.58)

資料**A**は、1885年に日本銀行が発行した10円券で、肖像は大黒天である。「拾圓」の文字の下に、「此券引かへに銀貨拾圓相渡可申候也」と記されており、銀貨との交換が可能な兌換紙幣である。これは、松方正義大蔵卿による松方財政の際に、金貨や銀貨と交換できない不換紙幣を整理して、銀を備蓄したことにより1885年銀本位制が採用されたため、発行できた。

資料**B**は、1899年に日本銀行が発行した10円券で、肖像は和気清麻呂である。肖像画のすぐ左側に、「此券引換ニ金貨拾圓相渡可申候也」と書かれており、金貨との交換が可能な兌換紙幣であった。これは、日清戦争(1894～95年)に勝利した日本が、下関条約で2億両(約3億1100万円)の賠償金を得たことから、1897年に貨幣法を公布して、金本位制を確立したため、発行できた。

問1 ②

X 正しい。資料**A**・**B**の紙幣は、ともに中央に「拾圓」(十円)と書かれており、その左側には縦書きで発行した「日本銀行」の名も明示されている。

Y 誤り。資料**A**には「日本銀行兌換銀券」、資料**B**には「日本銀行兌換券」と書かれており、ともに兌換紙幣である。しかし、両方に書かれている「明治十七年」(1884年)は、兌換銀行券条例が布告された年で、この紙幣が発行された年ではない。

問2 ③

a 誤り。資料**A**には「日本銀行兌換銀券」とあり、この紙幣は銀貨と交換できる兌換紙幣である。しかし、資料**C**の年表にあるように、金兌換ができる金本位制が確立されていないため、この紙幣は金貨とは交換できなかった。

b 正しい。資料**C**の年表から1885年に銀本位制が採用され、資料**A**の兌換紙幣が発行されたとわかる。

c 正しい。資料**C**の年表から1897年貨幣法が制定されて、金本位制が確立され、資料**B**の兌換紙幣が発行されたとわかる。

d 誤り。資料**C**の年表より、資料**A**の紙幣は1885年から発行され、資料**B**の紙幣はその14年後の1899年から発行されたことがわかる。したがって、10年後ではない。

問3　④

④誤り。資料**C**の年表には政府紙幣・国立銀行紙幣などの不換紙幣の通用停止が1899年とある。したがって、資料**B**の紙幣が発行された年と同時に流通が止められ、それ以前までは不換紙幣が流通していた。

2 (p.59)

問1　⑤

アと**イ**は、資料**A**の第1回総選挙のグラフから民党の立憲自由党と立憲改進党のどちらかと読み取ることができる。**イ**は第2回総選挙後の記述でも出てきており、自由党と改名した立憲自由党は該当しない。したがって、**ア**が立憲自由党、**イ**が立憲改進党となる。**ウ**は資料**A**の第2回総選挙のグラフから、民党第一党が自由党と読み取れる。**エ**は、資料**A**の第3回総選挙のグラフに吏党として記載されている国民協会となる。

問2　②

iから**iv**に該当する首相は、**i**黒田清隆、**ii**山県有朋、**iii**松方正義、**iv**伊藤博文である。資料**C**は、第一議会において、山県首相がおこなった施政方針演説のうち、予算案に関する部分の抜粋である。したがって、説明文では、**a**が正しく、**b**は誤りとなる。

資料**C**の演説において、山県首相は主権線(日本固有の領土)を守ることはもとより、利益線(朝鮮半島)を防衛することも重要であるとして、軍備増強の予算案を主張した。したがって、説明文では、**c**が誤りで、**d**が正しい。

問3　④

資料**A**の第2回総選挙の結果を表したグラフをみると、300議席のうち、吏党(藩閥政府支持派の政党)が137議、民党(藩閥政府と対立した野党)が132議席、中間派31議席となっている。中間派となっている独立倶楽部は、当初吏党とされたが、吏党派と民党派に分裂してしまい、政府の選挙干渉による多数派工作は失敗した。したがって、吏党や民党は単独でともに過半数を得られず、同数でもなかったので、④が適当である。

3 (p.60)

資料**A**は、1886年に末広鉄腸が著した政治小説『雪中梅』の冒頭部分である。

問1　①

下線部ⓐの部分では、登場人物が今日はちょうど明治173年3月3日の祝日ではござらぬかと述べている。明治173年があると仮定すると、西暦では2040年に当たる。国会の開設年については、資料**A**の後半に「明治廿三年の本月本日に国会を設立し」と書かれている。また、下線部ⓐに本日の国会の開会がちょうど150年の祝日に当たるとも書かれており、明治173年から類推すると、明治23(1890)年とわかる。

問2　⑥

「高楼」(高い建物)とあることから、**ア**は文明開化期に数多くつくられた煉瓦造りの建物を表している。「蜘の巣を張るが如く」は電線を表しているため、**イ**は電信である。路上で「さながら白昼に異らず」と表現されており、**ウ**は電気灯を指す。

問3　③

X誤り。下線部ⓑの時期(明治13・14年)にあった政府と民衆の対立としては、1880年(明治13)に国会期成同盟が結成され、天皇宛の国会開設請願書を提出しようとしたため、政府は集会条例を定めて、政社の活動を制限した。翌1881年には民権運動はさらに高まりをみせ、自由党が結党され、民間でも私擬憲法(憲法草案)が発表された。政府では開拓使官有物払下げ事件を機に内部の対立が激化し、国会開設の勅諭を出して国会開設を公約する明治十四年の政変がおこった。**X**の文にある「言論を弾圧する法規」とは、冒頭の問題文にある讒謗律や新聞紙条例のことで、1875年に政府が漸次立憲政体樹立の詔とともに、民権運動を取り締まるために出された。

Y正しい。下線部ⓒの時期にあたる明治16〜19(1883〜86)年は、松方正義大蔵卿が紙幣整理をめざし、日本銀行を設立して兌換銀行券を発行、官営事業の払下げをおこなった松方財政の時期である。その結果、松方デフレを招いて物価が下がったことから、農民の負担は厳しくなり、自作農が土地を手放して小作農に転落した。

問4　③

資料**A**のジャンルに当たる政治小説の説明文は、③である。このほかの政治小説として、矢野龍渓の『経国美談』や東海散士の『佳人之奇遇』があげられる。①は、明治期では仮名垣魯文が活躍した戯作文学の説明文である。②は、坪内逍遥の主張に始まった「写実主義」文学の説明文である。④は、島崎藤村の『破戒』や田山花袋の『蒲団』を代表作とする自然主義文

学の説明文である。

4 (p.61)

問1 ③

　資料**A**は、1920年に記された『原敬日記』から抜粋した史料である。原敬は、「平民宰相」と呼ばれて国民から歓迎されて首相に就任した。1919〜20年にかけては普選運動が盛り上がりをみせた時期であったが、原は社会政策や普通選挙制の導入には慎重で、選挙権の納税資格を3円以上に切り下げ、小選挙区制を導入するにとどまった。資料**A**では、その原の普通選挙観が述べられている。

問2 ②

X正しい。直接納税資格は15円以上から10円以上となり、5円下げられている。それにより、選挙人総数も45万人から98万人と約2.2倍となった。

Y誤り。選挙人の総数は306万人から1240万人と、900万人をこえ、934万人増加している。しかし、全人口も約5,564万人から約5,962万人と約400万人増加している。全人口は選挙人の総数と全人口比から算出することができる。

問3 ⑤

アは、普通選挙法(1925年)を受け、初めておこなわれた選挙(1928年)の時のポスターである。このポスターの上部には、「普選」の文字が大きくみえる。

イは、女性にも選挙権が与えられた新選挙法(1945年)を受け、初めておこなわれた選挙(1946年)の時のポスターである。ポスターには女性が描かれており、女性の投票を呼びかけている。

ウは、初めて公布された衆議院議員選挙法(1889年)にともない、1890年に実施された初めての選挙に対するビゴーによる風刺画である。反政府運動も高まっており、ちょんまげ姿の選挙人を遠巻きに監視する制服姿の警察官や投票箱のある机に座っている横柄な態度の男を描き、風刺している。

5 (p.62〜63)

問1 ③

　資料**A**は1879年に公布された教育令である。アメリカの教育制度を参考に、中央集権的な画一主義の学制を改正した自由主義的特色が強いものである。しかし、翌年には改正教育令が出され、中央集権化が強められた。

　①は誤り。明治5年に布告されたのは学制であるこ

とは、資料**A**からも読み取ることができる。

　②は誤り。資料**A**の第13条には、学齢期間が6歳より14歳に至るまでの8年間と書かれている。

　③は正しい。資料**A**の第14条に、義務期間を16カ月(1年と4カ月)と定めていることが読み取れる。

　④は誤り。資料**A**の第3条に「女子ノ為ニハ裁縫等ノ科ヲ設クヘシ」と書かれており、女子教育についても言及している。

問2 ③

　カード**I**は、**イ**の1890年公布の小学校令改正令である。第8条には、尋常小学校の修業年限が3年または4年、高等小学校の修業年限が2年・3年・4年のいずれかとすることが書かれている。

　カード**II**は、**エ**の1907年公布の小学校令改正令である。第18条に尋常小学校の修業年限が6年と明記されている。

　カード**III**は、**ア**の1886年公布の小学校令である。第1条で小学校を高等小学校と尋常小学校に分け、第3条で6歳から14歳までの8年間を学齢とすることが書かれている。

　カード**IV**は、**ウ**の1900年公布の小学校令改正令である。第18条で尋常小学校の修業年限が4年、高等小学校の修業年限が2年・3年・4年のいずれかとすることが書かれている。

問3 ③

X誤り。1890年には教育勅語が出され、忠君愛国が学校教育の基本であることが強調された。しかし、女子の就学率が低かったこともあり、1900年になって義務教育期間の授業料が廃止され、1902年には就学率が90%をこえた。

Y正しい。1890年には日露戦争の反動として、1890年恐慌がおこり、生糸輸出の減退が顕著となった。その反面、前年に制定された衆議院議員選挙法により、山県有朋内閣のもとで、第1回衆議院議員選挙が実施され、投票率は約94%であった。

問4 ②

　「被仰出書」は、1872年に公布された学制の序文で、正式には「学事奨励ニ関スル太政官布告」という。国民皆学や教育の機会均等、実学の理念などを明示した。したがって、**a**の学制(**i**)が正しく、**b**の小学校令(**ii**)は誤り。

　1877年に創設された「東京大学」は、1886年の帝国大学令により「帝国大学」となった。そして、1897年には「東京帝国大学」と改称された。したがって、**c**

が誤りで、**d**が正しい。

6〉(p.64〜65)

問1 ②

①は誤り。資料**A**をみるとアメリカの対日輸出制限は、日米通商航海条約廃棄通告以降に可能であり、1940年6月には工作機械の輸出許可制が始まっている。

②は正しい。資料**B**から軍需物資の国別輸入額を見ると、5分の3以上、すなわち60%以上のものは、機械類・石油・鉄類すべてに当てはまる。

③は誤り。資料**C**から、衣料の原材料となる綿花・羊毛は外国に99%以上依存している。

④誤り。資料**C**から石炭の外国依存度は8.0%と低い。

問2 ④

対米開戦までの流れを時系列に理解できているかを問う問題である。**問1**や資料などから、いかに日本がアメリカに戦略物資の多くを依存していたかを理解したい。ではなぜその日本が対米開戦に突き進んでしまったのか。まず軍部は、今後予想される経済制裁を加速させるアメリカの動向を想定し、石油の禁輸が実施された場合に備えて、代替手段の確保が急務と考えた。そのため、アメリカに次ぐ輸入先であった蘭領東インドに目標を定め、南部仏印進駐へと向かう。しかし、この動きがアメリカの制裁をさらに強め、対米開戦の流れを加速させた。よって。カードⅠには、**b**が当てはまり、その結果、アメリカの対日石油禁輸が実施され、カードⅢには**d**が当てはまる。

問3 ②

X正しい。資料**D**は開戦決定の御前会議の場において、企画院総裁がおこなった開戦後の国力の見通しに関する説明内容である。資料**D**に「消耗船舶ヲ年間100万総頓乃至80万総頓ニ推定……年平均60万総頓内外ノ新造船ヲ確保デキマスナラバ」「民需用トシテ常続的ニ最低300万総頓ノ船舶保有ガ可能ナ場合ニ……昭和十六年度物資動員計画ノ供給量ヲ確保スルコトハ可能」とある。この判断をもとに開戦の決断がされた。

Y誤り。資料**E**から、まず船舶保有量のピークは1941年であり、1942年以降減少している。しかし、「新増その他の増」は、1942年に約66万トン、1943年に約106万トン、1944年に約173万トンと、造船量が大幅に増加している。したがって、**Y**の文の「60万トンを上回ることはなかったため」という箇所は誤り。

7〉(p.66〜67)

問1 ①

資料**A**は、サンフランシスコ講和会議に向けて、第二次世界大戦における交戦国すべてと講和する「全面講和論」と西側陣営とのみ講和する「単独講和論」に国論は分かれていた時に描かれたものである。資料**A**の人物**i**は吉田茂であり、吉田茂は国際情勢からみて不可能な「全面講和」を主張する南原繁を「曲学阿世の徒」と非難した。よって、吉田茂について記されたカードは①である。②は片山哲で、1947年5月片山内閣を組織した人物を説明したもの。③は鳩山一郎で、1951年に追放解除後は政界に復帰して1954〜1956年に政権を担当した。④は岸信介で、首相就任後、安保条約改定に当たった。

問2 ①

吉田茂の主張は、冒頭の問題文に記されているように「単独講和」であり、主張内容として西側陣営と講和すべきというものであった。南原繁が唱えたのは「全面講和」であり、交戦国すべてと講和すべきであるという主張であった。よって、**a**に**ア**、**b**に**イ**、**c**は**エ**、**d**は**ウ**が当てはまる。

問3 ④

a誤り。南西諸島のうち奄美諸島が返還されたのは1953年、沖縄の復帰は1972年、小笠原諸島の返還は1968年である。サンフランシスコ平和条約締結後も、これらの地域はアメリカの施政権下に置かれたままであった。

b正しい。講和会議開催前から、講和内容をめぐってソ連はアメリカ案に反対を示しており、妥協の余地を互いに見出せない状況であった。しかし、会議の場には大方の予想に反してソ連は参加したが、会議を自国の宣伝の場として利用しただけであった。インド、ビルマ（現ミャンマー）は不参加であった。

c誤り。サンフランシスコ平和条約は、日本が交戦国の被害に対しておもに役務の供与により賠償を支払う義務を定めた。しかし、冷戦の激化により、アメリカをはじめ多くの交戦国が賠償請求権を放棄した。よって、選択肢文にある「一切触れられなかった」が誤りである。

d正しい。平和条約調印と同日、日米安全保障条約が調印され、独立後もアメリカ軍が日本駐留を続けることになった。また、この条約に基づき1952年2月日米行政協定が締結された。

問4 ①

a 正しい。 吉田内閣は、1951年6月に朝鮮戦争が勃発し、年表にあるようにアメリカと中国が対立すると、全面講和論は現実から遊離した主張であるという立場を明確にした。そのため、講和の締結によって独立の回復を優先させるべきであると主張した。

b 誤り。 選択肢文は、直接政治にかかわらない知識人らによる、「平和問題談話会」が出した声明文の内容である。この声明において、米ソ二大陣営の対立を回避し、平和共存する道を追求することが日本の課題であり、冒頭の問題文にあるように、日本は厳正な中立を維持し安全保障を国連に委ねるべきであると主張した。

c 正しい。 日本は、実質的にアメリカの単独占領下にあり、その経済援助に頼らざるをえないという見方から、吉田内閣はアメリカとの協調関係を存続させる以外の選択の余地はないと判断していた。

d 誤り。 選択肢文は日本社会党左派の考えであり、日本が独立国として存立するためには、非武装中立でいかなる軍事同盟にも加入しないことや、国民に一定水準の生活を保障するために朝鮮・中国との貿易を確保することが重要としていた。

8 (p.68〜69)

問1 ②

自衛隊創設時に描かれた風刺画の背景を選ぶ問題である。「予備隊」は、警察予備隊は朝鮮戦争の勃発後、マッカーサー指令により日本の軍事的空白を埋めるために設置された。次の「保安隊」は、サンフランシスコ平和条約と日米安全保障条約締結後に、保安庁法に基づき設置された。「自衛隊」については、朝鮮特需の消滅により、経済復興が減速する不安の中で、吉田内閣はアメリカの経済援助を受ける代わりに日本の防衛力強化を約束した**MSA**協定を結んだ。このことを背景に1954年7月に防衛庁と陸海空自衛隊が発足した。まさに国民経済のために自衛隊の看板に掛けかえたのであり、その背景は②となる。また、④の新安保条約の調印は1960年で自衛隊創設より以前のことである。

問2 ④

第3次吉田内閣が進めた治安法制の整備とは、資料**B**から破壊活動防止法や、新警察法の公布とわかる。したがって**ア**は、資料**B**から教育二法公布により、教員の政治活動の抑制とわかるため、国家による教育の統制が強まったと判断できる。次に**イ**については、

レッドパージとは1950年の朝鮮戦争勃発前に、**GHQ**の指令で共産党中央委員を公職から追放、次いで第3次吉田内閣が政府機関、報道機関、教育、産業界などから広範な共産主義者を追放したことである。まとめ文には、「戦前・戦中への復古と捉えられた」とあることから逆コースが正しい。

問3 ③

資料**C**の写真は、看板に「当店では原子マグロは買いません。乞ふ安心」と書かれている。その理由は、ビキニ環礁において広範な地域で放射能が検出されたことから、多くの漁船の漁獲物が放射汚染のため廃棄処分とされたことや、風評被害などから多くの漁業関係者・魚屋の死活問題となっていたことがあった。

X 誤り。 マーシャル諸島ビキニ環礁で水爆実験をおこなって日本の漁船を被災させたのは、ソ連ではなくアメリカである。

Y 正しい。 1954年3月1日に、アメリカはビキニ環礁で水爆実験をおこなった。その際、東方160kmの海上でマグロ漁船第五福竜丸が放射能をおびた「死の灰」をあび、乗組員23人が原爆症となり、9月に無線長久保山愛吉が死亡した。

問4 ⑥

資料**D**から読み取る。

Ⅰ 米ソ首脳が**INF**条約にワシントンで調印したのは1987年12月である。

Ⅱ 部分的核実験禁止条約は、1963年8月にモスクワで米・英・ソ3国外相が調印された。

Ⅲ ビキニ環礁の被災後に広まった、原水爆禁止運動は急速に拡大し、1955年8月に広島で第1回原水爆禁止世界大会が開催された。

よって、時系列に並べ替えると、Ⅲ→Ⅱ→Ⅰとなる。

外国との交流史

> **1** (p.72〜73)

問1　④

　資料Aは、7世紀の遣唐使の交流を示した地図資料である。遣唐使は630年に犬上御田鍬を派遣したことに始まり、894年に菅原道真の建議で中止された。資料Aでは、都として平城京が書かれており、南路・北路があった遣唐使の特徴もヒントとなる。

　資料Bは、平氏政権下で隆盛となった日宋貿易の地図資料である。資料Bでは都が平安京で、平氏政権で都となった福原京や日宋貿易を推進するために設けられた大輪田泊もみられ、ヒントとなる。

　資料Cは、室町幕府により始まった日明貿易の地図資料である。資料Cでは都が京都と考えられ、日明貿易を推進した堺や博多に加え、明の貿易港の中心であった寧波も書かれており、ヒントとなる。

問2　③

　朝鮮半島の国の変遷をみると、iは7世紀の新羅、iiは12世紀の高麗、iiiは15世紀の朝鮮（李氏朝鮮）である。

　Xは、918年に王建が建国した高麗のことで、のちに元の属国として日本へのモンゴル襲来（元寇）にも加わっている。1392年、李成桂によって滅ぼされた。

　Yは、356年辰韓を統一して建国した新羅のことで、7世紀に百済と高句麗を滅ぼして朝鮮半島を統一した。935年、高麗によって滅ぼされた。

　Zは、1392年に李成桂が高麗を倒して建国した朝鮮（李氏朝鮮）のことである。1897年に大韓帝国と改称し、1910年の韓国併合まで続いた。

問3　②

X正しい。資料Bは、日宋貿易を展開した平氏政権の時代の地図である。資料Dは『平家物語』で、平清盛が日宋貿易で手に入れた貴重な品々を描いている場面である。「揚州」などの港は、資料B・Dにいずれも載っているのもヒントとなる。

Y誤り。資料Cは、日明貿易を展開した室町時代の地図である。資料Eは『南世宗実録』で、1523年におこった寧波の乱を描いた場面である。しかし、寧波の港で争ったのは細川氏と大内氏の日本の大名同士であり、Yの説明文は誤りとなる。

問4　③

　資料Aは遣唐使に関する地図資料であるが、894年、遣唐大使に任命された菅原道真が中止を建議し、停止された。道真は、依然として危険であった航路に加え、唐が8世紀の安史の乱以降は衰退し、9世紀の黄巣の乱で衰えたことから、中止の判断を下したので、bが正しい。aの説明文にある倭寇は、13〜16世紀に密貿易をおこなった武装集団であり、時期が違うので、aは誤り。

　また、道真は901年、藤原時平の策謀により大宰府の大宰権帥に左遷され、この地で死去した。死後、道真は怨霊として恐れられ、これを鎮めるために、道真を祭神として京都に北野天満宮（北野神社）、墓所に太宰府天満宮が建立された。資料Fは道真の生涯と死後の怨霊談を基にした『北野天神縁起絵巻』の一部で、道真が雷神となって平安京の内裏内の清涼殿に落雷を落としたことを描いているので、cが正しい。資料Gの八坂神社は、平安時代には祇園社と呼ばれ、初めて御霊会をおこなったことは事実だが、祭神は牛頭天王で道真を祀っていないので、dは誤りとなる。

問5　④

　資料Hは、鳥居の柱が海中に浸っていることから、安芸国（現、広島県）の宮島にある厳島神社とわかる。資料Bの日宋貿易を始めた平清盛は、1164年に安芸守として、崇敬する厳島神社に一族の繁栄を祈願し、「平家納経」と呼ばれる装飾された経典を奉納しているので、bが正しい。

　資料Iは、日明貿易で用いられた勘合と呼ばれる証票の使用想像図である。勘合は、明の皇帝が冊封関係にある国の王に与えたもので、貿易の際に日本は明から交付された勘合を持参し、明のもつ底簿と突き合せた。明が海禁政策をとっていたが、勘合によって貿易が成立していたので、dは正しい。3代将軍義満が始めたが、4代義持は朝貢を嫌って中断し、6代義教の時に再開しており、cは誤り。

> **2** (p.74〜75)

問1　⑧

　カードⅠは、1804年に長崎に来航したロシア人のレザノフ。日本の漂流民津太夫らを連れ、1782年、蝦夷地の根室に来航したラクスマンが長崎で持ち帰った信牌を携え、通商を要求し、翌年に退去した。

　カードⅡは、1600年に豊後国臼杵に漂着したオランダ船リーフデ号のイギリス人水先案内人のウィリアム

＝アダムズ。徳川家康に重用されて外交顧問となり、三浦按針を名乗ることを許可されたうえ、三浦半島に領地と江戸に屋敷を与えられた。

カードⅢは、1549年に鹿児島に来航した、スペイン人のイエズス会宣教師フランシスコ＝ザビエル。大内義隆の保護を受けてキリスト教の布教をおこない、大友義鎮や大村純忠らのキリシタン大名を輩出した。

カードⅣは、1708年に屋久島に潜入した、イタリア人のイエズス会宣教師シドッチ。捕らえられて江戸のキリシタン屋敷に入れられた。その際、新井白石はシドッチへの尋問をもとに、世界地理書の『采覧異言』と西洋研究書の『西洋紀聞』を著した。

問2　②

資料Aは、新井白石がシドッチを尋問するため、小石川のキリシタン屋敷に派遣されたことを記す『徳川実記』の一部である。資料Aには、「西洋いたりやの内ろうまといふ地のもの」と書かれており、オランダからではなくイタリアのローマから来たことがわかるため、②が誤りである。また、資料Aには、大隅国の屋久島に日本人の格好を模して上陸し、長崎に送られたことも読み取ることができる。

問3　④

資料Bは、オランダ船リーフデ号が豊後に漂着した記事を載せた『日本風俗備考』の一部である。按鍼役とは水先案内人のことで、ウィリアム＝アダムズの名もみえる。

Xに書かれているように、リーフデ号はオランダ東インド会社が所有する船であるが、資料Bに「此者ハ英吉利の産にて和蘭の東印度公班衙（会社）に勤仕し」とあり、出身国がイギリスだとわかるので、Xは誤り。

Yに書かれているように、ウィリアム＝アダムズは三浦按針の和名や屋敷地も拝領しているが、重用した将軍は徳川家康であり、Yも誤りである。

問4　②・⑪

アは豊後（臼杵）、イは長崎、ウは鹿児島、エは屋久島である。

Ⅰ　カードに唯一の貿易港とあり、鎖国下で貿易の窓口となっていた長崎を指す。
Ⅱ　カードに豊後（現在の大分県）と書かれている。
Ⅲ　ザビエルの来航した地は鹿児島。
Ⅳ　資料Aに、大隅国の屋久島と記されている。

問5　③

資料Bで記述されている船の水先案内人は、イギリス人のウィリアム＝アダムズであるが、船は「リーフ

デ号」と呼ばれるオランダ船である。設問文にあるように、オランダは江戸時代から日本と貿易をおこなっており、開国後も輸出を継続している。

資料Cは、1865年の貿易額比率を表した円グラフで、①〜④の国名は、①イギリス、②フランス、③オランダ、④アメリカである。日本は、1858年の安政の五カ国条約により開港したため、その貿易国は条約を結んだ五カ国（米・蘭・露・英・仏）などとの貿易が中心であった。しかし、アメリカは南北戦争（1861〜65年）となって貿易がほとんどできなくなり、貿易の主要国は当時「世界の工場」と呼ばれたイギリスであったことから、①はイギリスとなる。また、設問文に「江戸時代から日本と貿易をおこない、開国後も安政の五カ国条約を結んだ国の一つである。幕末においては、他国に比べ、日本からの輸入額の割合は低かったが、日本への輸出額の割合は高かった」とあり、日本からの輸出額の割合が低く、輸入額の割合が高い③がオランダとなる。

3 (p.76〜77)

問1　⑪
問2　③

資料Aについて説明しているのは、カードⅢである。この船は、文禄の役（1592〜93年）・慶長の役（1597〜98年）の際に朝鮮水軍の李舜臣が考案した「亀甲船」と呼ばれる軍船の模型である。

資料Bについて説明しているのは、カードⅣである。この船は、1808年オランダ船を捕獲するために長崎湾に侵入したイギリス軍艦のフェートン号で、資料にはイギリス国旗のユニオンジャックもみえる。

資料Cについて説明しているのは、カードⅠである。この艦隊は、ロシア最大の艦隊である「バルチック艦隊」で、1905年日露戦争の日本海海戦において、日本連合艦隊の攻撃により、壊滅的な打撃を受けた。

資料Dについて説明しているのは、カードⅡである。この一行は、1846年浦賀にコロンバス号等で来航したアメリカ東インド司令長官ビッドルの一行である。ビッドルは通商を要求したが、幕府は鎖国を理由に拒絶した。

問3　③

資料Bの国はフェートン号を所有していたイギリスである。

X誤り。イギリスは、1600年に東洋経営の特許会社である東インド会社を設立している。しかし、1623年

平戸にあったイギリス商館を閉めて退去しており、鎖国下では貿易をおこなっていない。鎖国下でも貿易をおこなったのは、1602年設立のオランダの東インド会社である。

Y正しい。日本は日露戦争（1904〜05年）を始める2年前の1902年に日英同盟協約を結んだ。日英同盟協約は1902年から1923年まで維持された。

問4 ③・⑥

資料**A**は朝鮮、資料**B**はイギリス、資料**C**はロシア、資料**D**はアメリカの船である。

カード**i**は、1956年鳩山一郎首相がソ連のモスクワで調印した日ソ共同宣言。国交を正常化し、日本の国際連合加盟が実現したが、北方領土問題は平和条約締結後に棚上げされた。

カード**ii**は、1965年に佐藤栄作首相が大韓民国との間に結んだ日韓基本条約。韓国併合以前の条約・協定を無効とし、韓国を朝鮮にある唯一の合法的な政府として国交を樹立した。

カード**iii**は、1960年に岸信介首相がアメリカと結んだ日米新安保条約（日米相互協力及び安全保障条約）。しかし、この条約改定に反対する運動が激化し、60年安保闘争となった。

カード**iv**は、1902年にイギリスと結んだ日英同盟協約で、ここに日英同盟が確立した。1914年、日本はこの協約の第二条を根拠に第一次世界大戦に参戦し、ドイツに宣戦布告した。

④のカード**ii**と資料**B**の組合せは、国名としては合致するが、日英同盟協約は第二次世界大戦前に結ばれたもので、誤答となる。

---

2 **貨幣・金融**

(p.78〜83)

問1 ④

和同開珎について。**ア**は後ろに「秩父郡」とあるため、「武蔵」が入る。**イ**は平城京に遷都した天皇で、元明天皇のことである。

問2 ②

iiiは資料**A**の内容より、五月に銀銭、八月に銅銭をつくっているので、**a**が入る。

ivは、資料**B**に「僅かに売買すと雖も、猶ほ蓄ふる者なし」とあるので、**d**が入る。

問3 ①

aは、資料**C**に「官法の外に意に任せて加徴せる租穀段別三斗六升の事」と書かれていることから、法律の範囲外で法外な租をとっていたことがわかる。

bは、資料**C**に「或る国宰は一斗五升を微納し、或る国吏は二斗以上を微下す」と書いてあることから、元命の前の国司も、税率が一定ではなかったことがわかる。

cは、資料**D**より、長者の家の周りに堀が掘られていたり、塀で囲まれていたりすることから、長者が武士である可能性が高い。よって、正しい。

dは、長者の家に貢物を運ぶ里人の頭には、鯉や梨など、里で採れたものが入った箱が描かれている。そのため、この絵から銭が一般的に使用されていたとはいえない。

問4 ④

II班の分析内容をみると、資料**C**・**D**の年貢や貢物に注目していること、またクラスで調査しているテーマが通貨や税についてであることから、④が適切である。

問5 ②

aは、資料**E**の注1から、「嘉禄2（1226）年に准布を止めて銅銭を用いるべし」という法令が出ていたことがわかる。そのため、正しい。

bは、資料**E**に「今より以後、白河関以東は、銭の流布を停止せしむべきなり」とあるため、選択肢の内容とは逆に、銭の流通を止める命令が出されていることがわかる。

cの資料**F**の「さいふ」は、財布ではなく割符と書き、遠隔地取引の際に銭の代わりに利用した為替と判断する。ここでは、受け取った割符を、深津の市で換金することが書かれており、財布を買う話ではないので誤り。

dは、資料**F**に「ふかつの市にては、た□つのあまこせんのかりや」とある。注4より、あまこせんは「尼御前」のことで、女性だとわかる。また、市にあるかりやは、尼御前の店と考えられるため、女性の商人が活躍していたとする内容は正しい。

問6 ①

税が銭で荘官や地頭に支払われると、地頭が割符にかえて荘園領主に送り、荘園領主が市で換金することから、これを示しているのは①である。

問7 ③

資料**G**や資料**H**・**I**より、明の皇帝から将軍に与え

られる銭の中には、悪銭は含まれていないことがわかる。悪銭となるのは、日本国内で鋳造された銭、戦乱などで焼けて摩耗したり、欠けたり、割れたりした銭である。

問8 ④

資料Hより、銭の価値は、「北宋銭＞永楽銭・宣徳銭＞さかひ銭・洪武銭・打平目」であることが読み取れる。よって、正しいのは④である。

問9 ②

資料Hより大内氏は、永楽銭・宣徳銭を100文のうち20文は入れてもよいと書いているので、**a**が正しい。私的な売買については、100文のうち、永楽銭・宣徳銭は30文混ぜてもよいが、洪武銭は悪銭として排除しなければならないので、**b**は誤り。

幕府は、悪銭は排除し、永楽銭・洪武銭・宣徳銭は混ぜて使ってよいとしているため、**c**は誤りで、**d**は正しい。

問10 ①

資料Jについて、天井に「小判六十目□時相場」とある。これは、小判と銀貨の交換比率である1両＝60匁を示しており、①の選択肢は誤り。

②は、資料Jから既製品の着物が天井からつるしてあることが読み取れる。これまでは、商人が1軒1軒の家を訪問して注文を受けてから着物を仕立てていたが、越後屋は既製品を現金で売るという新しい商売を始めた。

③について、資料Jは17世紀後半に描かれたものである。それに対して、資料Kは、歌川豊国が描いたものであるとするならば、宝暦・天明期以降の絵ということになる。そのため、資料JがKより先に描かれたことがわかる。

④について、資料Jに「現金かけねなし」と描かれる商法は、越後屋が始めた商法である。資料Kの「たばこ屋」にも「現金かけねなし」と描かれており、資料Jの商売に影響されたと考えられる。

問11 ④

資料Kの絵中に「山東京伝見世」とあるため、この絵と関連が深いのは山東京伝。江戸時代の作家は、副業をもつ者がほとんどで、山東京伝もたばこ屋の側ら作品を著していた。

問12 ③

宋銭の活用が頻繁におこなわれたのは鎌倉時代である。

問13 ②

aは、太政官札・民部省札は戊辰戦争のために発行され、政府紙幣を発行することで回収された。

bは、新貨条例によって、太政官札・民部省札が発行されたわけではないので、誤り。

cは、国立銀行条例の改正は1876年、日本銀行券の発行は1885年からなので、資料Mのグラフより、誤りであることがわかる。

dは、国立銀行条例が改正されて兌換義務が撤廃されると、国立銀行券の発行が急増しているので正しい。

問14 ①

資料Mの**ア**の時期は1880年代の後半で、松方財政のあとである。銀本位制が確立して、企業勃興の時期となり、①が正しい。

②は、1900年代のこと。日本が世界一の生糸輸出国となったのは1909年である。

③は、工業生産額が農業生産額をこえた時なので、大戦景気の頃である。

④は、重化学工業が工業生産額の過半になった時期なので、1930年代後半である。

---

3 災害・疫病

1 (p.84〜85)

問1 ④

資料Aは、奈良時代の天然痘の流行に応じた天皇の詔である。資料Aには「大宰府管内」とあるが、すでに都でも5月頃から流行がみられていた。この時代のできごととして、①の藤原広嗣の乱は740年、②の多賀城の設置は724年、③の百万町歩開墾計画は722年である。④の空海の綜芸種智院は庶民教育の目的で京都に設置した学校である。時期は平安時代初期の828年頃とされている。

問2 ②

天然痘で亡くなったのは藤原の4兄弟である。藤原不比等の4人の子で、南家の武智麻呂、北家の房前、式家の宇合、京家の麻呂である。4兄弟は不比等の死後、実力者の皇族の長屋王を自殺に追い込み（長屋王の変、729年）実権を掌握した。しかし、737年にあいついで天然痘にかかり病死した。②の藤原忠平は平安時代の摂関家の1人である。

問3 ④

聖武天皇は文武天皇の子で、724年から25年間在位

した天皇である。藤原氏から皇后となった光明皇后（光明子）とともに仏教を厚く信仰し、国家政策にもその力を注いだ。741年には国ごとに国分寺・国分尼寺を建立する詔を出し、その2年後の743年には大仏造立の詔を出し、仏教により国家の平和と安定をはかろうとした。資料Aの中にも神々に祈りをささげ、寺では金剛般若経を読むことなどが記されている。天平期の天然痘の流行で当時の日本の総人口の25〜35％に当たる、100万〜150万人が感染により死亡したとされている。

なお、文武天皇は聖武天皇の父、藤原宮子は聖武天皇の母にあたる。

問4 ②

資料Bは、幕末の麻疹の流行を伝えた書簡である。江戸時代以前にも麻疹の流行はあったが、江戸時代にも猛威をふるい、13回の大流行が記録されている。なかでも1862年の大流行における罹患者数は約20万〜40万人のにのぼった。資料Bも文久2（1862）年7月のものであり、当時の江戸の麻疹流行の様子を故郷に伝えている。内容としては、不養生していると命に関わり、名医から養生のあらましを聞いたので故郷の村々に知らせたいという旨が記されており、②が正しい。

問5 ①

江戸時代に描かれた「はしか絵」である。麻疹退治と大きく書かれ、下部には赤ら顔で発疹が出た鬼が退治される様子がある。退治に参加する職業を表すものも様々であるが、右上に女性が描かれている。この女性は遊女であり、客が少なくなり商売が立ち行かなくなった職業の一つとして描かれている。また、左下や中央に僧侶の風貌で医者や薬屋が鬼をかばっているが、これは患者が増えることで商売繁盛したことを皮肉っているのである。効果的な治療薬はなく、絵の上部には食して良いものや悪いものが書かれているが、医学的根拠はなかった時代である。

2 (p.86〜87)

問1 ②

幕末の日本で新型の感染病が流行し猛威をふるった。コレラにかかると激しい嘔吐と下痢で短期間に死に至ったために「コロリ」とも呼ばれ、漢字をあてて「虎狼痢」や「狐狼狸」など恐ろしい化け物を想像するような表現をした。資料Aも漢字から化け物に変化させ、恐ろしい感染病であることを表現している。

問2 ④

資料Bから、大流行となった地域の多くが長崎や神戸、神奈川といった貿易港であったことが読み取れる。江戸時代の日本は外国人との接触は極力制限されていたこともあり、世界で流行していたコレラやペストなどの感染症が入ってくることはなかった。しかし、幕末以降、多くの人や物の移動の中で新しい感染病も広がることとなった。

問3 ③

北里柴三郎は熊本県出身。東京医学校（現、東大医学部）を卒業し、内務省衛生局に入った。1885年、コレラが蔓延している長崎で調査を実施し、コレラ菌を確認した。その後、ドイツへ留学し、細菌学者のコッホに師事して研究に励んだ。留学中には破傷風菌の純粋培養に成功し、血清療法を発見して世界に名を広めた。

①の志賀潔は柴三郎が設立した伝染病研究所に入り、1897年に赤痢菌を発見した。

②の野口英世は、自身の左手の手術の経験から医師を志し、アメリカのロックフェラー研究所所員として世界で活躍した。梅毒スピロヘータの純粋培養に成功したが、アフリカでの黄熱病研究中にみずからも罹患し命を落とした。

④の高峰譲吉は1887年に渡米し、ニューヨークに高峰研究所を設立した。消化薬タカジアスターゼの創製や強心薬アドレナリンの抽出に成功した。

問4 ③

森鷗外は島根県出身。医者の家系に生まれ、軍医としての道を歩んだ。1884年に陸軍衛生制度を調査するためにドイツへ留学し、北里柴三郎も師事したコッホの衛生試験所でも調査研究をおこなっている。

福沢諭吉は大分県出身。中津藩士の家に生まれ、大坂の緒方洪庵に学んだ。北里柴三郎がドイツから帰国後に研究所設立のための資金援助などに福沢が関わっている。その縁もあって、1917年、すでに福沢は死去していたが、慶應義塾大学に医学科が設置される際には柴三郎が初代医学科学長に就任し、医学科（医学部）発展に貢献した。

問5 ③

スペイン風邪は現在のA型インフルエンザで、第一次世界大戦末期の1918年以降、世界的パンデミックがおこり、当時の総人口12億人中、約5億人が感染し、約5千万人以上が死亡した。日本でもスペイン風邪の脅威はすさまじく、約2,500万人が感染し、約40万人

が死亡している。著名人では評論家・新劇指導者であった島村抱月が感染し死亡、芥川龍之介は感染し辞世の句まで書き残すが回復をしている。内務省衛生局でも予防を呼びかけるポスターを作成した。公共機関でのマスク着用は現在の新型コロナウィルス予防と共通する。左の標語は下の部分に文章があり、「三、転ばぬ先に　予防接種を」「四、朝な夕なに　うがいせよ」と読むことができる。**i**は「咳する人に」、**ii**は「他の為にも、身の為にも」とあるので、正しい標語を推測することが可能である。

3 (p.88〜89)

問1 ③

明暦3(1657)年の江戸の大火では江戸市中の半分以上が焼け、死者10万人をこえる大火事となった。大火後には木造家屋の密集を改善するべく、道幅の広い広小路を設置するなど市街を再建した。浅間山は長野県と群馬県の県境に位置する活火山で、1783年の大爆発では近隣の集落を飲み込み、埋没家屋約1,800戸、死者約2,000人の被害を出した。江戸時代の富士山の噴火は1707年におきている(宝永の大噴火)。

問2 ①

どちらも正しい。江戸時代の消火活動は現代のように水を大量に使うことは困難であり、火災延焼を防ぐために火元の家屋を壊し、周辺家屋を破壊することが主であった。防火対策としては広小路の設置や土蔵を設置している。

問3 ②

天明の大飢饉は1782年頃から発生した全国的な飢饉である。噴火以前より天候不順などもあり、農作物の収入は減っていたが、1783の浅間山の大噴火では関東を中心に火山灰が降り注ぎ、その影響は東北地方へもおよんだ。浅間山の火山灰は地面への堆積にとどまらず、噴煙とともに成層圏にまで舞い上がり太陽光を遮り、日射量の低下による農作物への影響もみられる。

問4

安政2年10月2日(1855年11月11日)夜に南関東で直下型の大地震が発生した。のちに安政の大地震と呼ばれるこの地震では、大名家だけでも死者2,000人をこえ、町人地でも多くの倒壊家屋と死傷者が出た。

問5 ③

江戸の水戸藩邸も地震で大きな被害を受けた。この資料**E**では、火鉢類による火災を予測した女中が、屋敷の池に火鉢を投げ込んだ様子がわかる。また、水戸藩邸では、母親をかばい水戸学の大成者藤田東湖が亡くなったことも有名である。

問6 ③

資料**F**は大正12(1923)年11月に出された関東大震災大見立一覧表である。関東大震災に関連する、義捐(援)金番付や亡くなった著名人、焼失倒壊した名建築一覧などを紹介している。なかでも義捐金番付にはその金額と出資した人物が順位付けられており、そうそうたる顔ぶれが並んでいる。資産家たちが復興への社会貢献に私財を投じたことがわかる。

問7 ④

東西の横綱・大関は、500万円を出した三井・三菱(岩崎)、次いで250万円の住友、200万円の安田と、財閥で占められている。西の番付にある藤田平太郎、古河虎之助、山口吉郎兵衛も財閥である。一方で、番付の小結には、横濱復興に正金銀行(横浜正金銀行)、物資支援の鈴木商店があり、個人名のみ掲載されているわけではない。したがって、④が誤り。このほか、徳川宗家16代の徳川家達や、旧大名家の毛利・前田・島津らの名前もある。

4 教育・学問

(p.90〜95)

問1 ⑤

Xは、北条実時が創設した金沢文庫に関しての記述であるため、鎌倉時代である。**Y**は、上杉憲実が再興した足利学校であるため、室町時代である。**Z**は、空海によって創設された綜芸種智院に関しての記載であるため、平安時代である。よって、**Z―X―Y**の順。

問2 ⑥

Xの金沢文庫は神奈川県にあるので**イ**である。**Y**の足利学校は栃木県にあるので**ウ**である。**Z**の綜芸種智院は京都府にあるため**カ**である。

問3 ③

iは、緒方洪庵が開塾した蘭学塾の適塾は、大坂にあるため、**オ**である。**B**は、クラークは札幌農学校に関わったので、**キ**である。

問4 ④

関孝和は、江戸時代前期の数学者で和算を発展させ、発微算法を出版した人である。渋川春海は、江戸時代の暦学・天文学者で宣明暦を改め、貞享暦を作成した。青木昆陽は、江戸時代中期の蘭学者で大岡忠相に見出

だされ、サツマイモである甘藷の栽培普及に努めた。①は「貞享……暦」と書かれており、暦であることがわかる。②は『発微算法』であるが、円が描かれていることなどから和算の資料であることがわかる。③は、サツマイモが書かれており、甘藷に関する資料であることがわかる。④は、『解体新書』で、この出版に関わったのは、杉田玄白や前野良沢であるため誤り。

問5 ④

aは、資料Aから化政期に大坂町奉行の与力であった陽明学派の大塩平八郎、5代綱吉に仕えた古学派の荻生徂徠らがおり、誤り。bは、資料Aから山崎闇斎は朱子学派に属しており、闇斎の流れをくむ岡田寒泉が幕府に登用され、正学として講義・研究するようにいわれているので、正しい。cは、資料Bから朱子学以外の儒学である異学が流行っていることを問題視しているため、正しい。dは、資料Bから岡田寒泉が南学派なので、誤り。

問6 ②

Xは正しい。日本が4月入学なのは、松方正義による松方財政によるところが大きい。不換紙幣を処分するために、間接税を導入した。その中で、とくに酒税に関しては、9月頃に米を収穫して、それから、4〜5カ月かけて醸造して酒ができる。これによって酒税の額が決まり、これにより予算が決まるので4月入学となる。

Yは誤り。資料Dではイギリスの制度にならったように読み取れるが、日英通商航海条約は日清戦争直前の1894年に締結されたものであり、1886年の学校令後であるため、誤り。

問7 ③

aは誤り。資料Cをふまえて、資料Fのグラフをみるとたびたび減少している箇所がある。学制による中央集権的な教育制度を改めて地方の実情をふまえて教育令が出されたが、それによって学校の建設が中止になるなど、就学率は減少した。その後、改正教育令により、就学率の向上を目指したが、現実問題として金銭的な問題もあり、上昇し続けることができなかった。

bは正しい。資料Fのグラフから学制公布の翌年から学校令まで男女の就学率が15％以上の差が生じていることがわかる。

cは正しい。資料Cをふまえて、資料Fのグラフから日清戦争時には約40％あった男女の就学率の差は日露戦争時には10％以下になった。

dは誤り。資料Eより、20歳男子の高等学校卒業ま

での在学率は上昇し続けていたが、太平洋戦争の時期から徴兵もあり卒業生数が低下していることが読み取ることができる。

問8 ③

aはレポート内で、捨松がアメリカの女性教育や女性の社会進出に感銘を受け、日本での女性教育の発展に専心しようとするものの、帰国後の日本の社会ではなかなか受け入れられず途方に暮れていたとの記述があり、良妻賢母の女性を育てるといった内容ではないため誤り。

bについては、レポート内で山川捨松の生まれが会津であることを読み取ることができる。兄も戊辰戦争の中で、会津戦争によって官軍側にいた薩摩藩や長州藩に対して因縁があり、薩摩藩出身の西郷隆盛の甥の大山巌との結婚に反対であった。彼が薩摩出身なのは、薩摩弁をしゃべるということから読み取ることができる。よって、正しい。

cは、捨松が舞踏会に参加し鹿鳴館の花と呼ばれていることについて、井上馨の欧化政策に基づく、鹿鳴館外交によるものである。英語や西洋のマナーがわかる捨松は日本の外交政策にも寄与していたので、正しい。

dは、山川捨松は、愛国婦人会には理事として務めたものの、赤瀾会は大正時代の日本最初の社会主義婦人団体であるため、誤り。

問9 ④

山川捨松の生涯についての問題である。レポートの最初に「幕末の1860年に会津藩の武士の娘として生まれた」、最後に「享年60歳（数え年）であった」との記載があることから、1860年から1919年まで期間であることがわかる。

①は正しい。自由民権家の岸田俊子が集会条例違反で処罰されたのは、1885年である。集会条例は自由民権派による国会開設運動の全国的な高まりに対処するための条例であることから山川捨松の生涯に該当する期間であると判断できる。

②は正しい。景山英子が大阪事件において、女性でただ1人投獄されたのは、1885年である。大阪事件は1884年に甲申事変に関連して、朝鮮に独立政権を樹立しようと計画したことが発覚して逮捕された事件であることから該当する期間であると判断できる。

③は正しい。与謝野晶子が「君死にたまふことなかれ」を『明星』に発表したのは、1904年である。日露戦争に対して反戦の立場で詩を発表したことから該当

の期間であると判断できる。

④は誤り。大杉栄と伊藤野枝らが甘粕正彦大尉らによって殺害されたのは1923年の関東大震災の混乱の中である。よって、1919年以降なので、④が適当でない。

問10 ④

資料Gは国民学校の様子の写真。国民学校は、太平洋戦争直前の1941年に日中戦争が激化する中で、国民学校令が公布された。資料Gの学校の銘板から国民学校であることが読み取れる。

資料Hは教育委員会の公選に関するポスター。第二次世界大戦後の教育行政の地方分権化をはかり、1948年7月に教育委員会法を公布した。教育の民主化を目指し、当初公選制であったが、1956年に任命制となった。公選との記載があるため、戦後期であることが読み取れる。

資料Iは戊申詔書で、1908年（戊申）に発布。資料Iにも「明治四十一年」の文字が読み取れる。この詔書は日露戦争後、国民の間に芽生えた個人主義、享楽主義傾向を思想・風紀の悪化として、その是正を諭した。資料に首相の桂太郎の名前があることからその年代を推測することができる。

年表には、桂太郎内閣の次に組閣された第1次山本内閣時のシーメンス事件（1914年）に関しての記述、昭和に入り、若槻礼次郎内閣時の金融恐慌（1927年）の記述、太平洋戦争前の第1次近衛文麿内閣時の日中戦争（1937年）の記述、米戦艦ミズーリ号上での降伏文書の調印（1945年）の記述となっており、それぞれの歴史的事象と組み合わせると解答することができる。

問11 ②

資料Jは大学令に関する新聞記事である。大学令は、1918年の大正時代の原敬内閣の時、官立の帝国大学以外に公・私立大学、単科大学の設立を認めた。資料Jの記事は、福沢諭吉の精神である独立自尊に反するとして、学生が大学に昇格することを拒絶したことが書かれている。国の管理下に置かれることで、学問の自由が脅かされること危惧したものである。

5 北海道・沖縄

(p.96〜101)

問1 ②

アには、「続縄文」が入る。紀元前後から7世紀まで北海道で展開した鉄器文化である。水稲耕作をおこ

なわずに、サケ・マスなどの食料採取に依存する独特の文化で、土器も縄文土器系の続縄文土器が用いられた。貝塚文化とは、弥生時代に沖縄を含む南東で展開された貝殻などの食料採取をおこなう独特の文化であり、水稲耕作はなかった。よって、北海道・沖縄ともに水稲耕作がおこなわれなかったことから、イには「稲作」が入る。

問2 ②

a 正しい。資料Bから琉球は、東南アジアや室町時代の日本、朝鮮に船を送ってさかんに交易をおこなっていたことがわかる。

b 誤り。万国津梁の鐘は1458年につくられ、首里城正殿にかけられた。この時期は日本の室町時代にあたる。よって薩摩の支配下にあったのは、1609年の島津家久の琉球侵攻以後であり、この侵攻により徳川家康から島津家久は琉球の支配権を得た。

c 誤り。資料Cから琉球は、明から生糸・陶磁器・甘草を得ていることがわかるが、日本は琉球へ刀剣、扇、屏風などを輸出していた。香辛料や蘇木は東南アジア産品であった。

d 正しい。資料Aから、貿易船をあやつって世界の架け橋の役割をはたし、国中に世界の商品が満ちあふれていることがわかる。このような文句を記す梵鐘を、寺院ではなく首里城の正殿にかけてあったことからも琉球の自負がうかがえる。

問3 ④

1368年に成立した明王朝は、諸外国に対して冊封と朝貢政策を打ち出し、交易を冊封関係を前提とする諸国の王との朝貢貿易のみに限定し、他の外国船の交易及び中国人の海外渡航・交易を禁じた。これにより公的ルートでの中国商品の海外供給力は大幅に低下することになった。資料Dの解説文から、琉球の進貢船が明から提供されたものであることがわかり、琉球が明から優遇を受けていたと考えられる。また海禁政策によって明が自国民の交易、渡航、帰国を禁止したことを参照し、自国民に変わって琉球に海外貿易を求めていたと考えられる。よって、ウにはbの「貿易を代行する役割」が入る。また先述のように、この時期は明の海禁政策下にあり、中国商人が積極的に交易をおこなっていたとは考えにくいことから、エにはdが入る。

問4 ③

事実Xは、徳川家光が徳川家康を祀る日光東照宮に、海外からの使節による参詣をのぞんでいたというものである。この根拠から導き出される結論として適当な

ものは、「異国」が家康を祀る東照宮を参詣することは、徳川家の権威を高める役割を果たすことになると導くことができるだろう。よって、**b**が適当である。**a**は薩摩の島津氏に関することであるため、適当ではない。

次に事実**Y**であるが、使節団が行進中に奏楽し、日本文化との触れ合いがあったことが書かれている。また、琉球使節が「異国」感を強調し、銅鑼・太鼓・ラッパなどを演奏しながら行列していく様子は、人々の耳目を集めたと想像できる。また日本文化との触れ合いや、学者・芸能家との交流は、使節団にとっても琉球王国としてのアイデンティティを自覚させ、これを主張するための重要なセレモニーでもあったと考えられる。よって、**c**が適当である。**d**に関して、薩摩藩は琉球を支配後も、独立した王国として中国との朝貢貿易を継続させ、琉球と中国との朝貢貿易によって得た中国産の産物を送らせ利益を得ていた。よって、朝貢貿易を廃止させるという部分が誤りであるため不適当である。

問5 ③

X誤り。アイヌに正対し座敷内に座る人々は津軽藩ではなく、松前藩の家臣である。資料**G**の1604年の松前藩成立を参考にしたい。

Y正しい。むしろに座るアイヌは、資料**H**とは異なる陣羽織を着ている。背中には家紋がついており、アイヌの伝統的な衣服とは異なる様子がわかる。

問6 ②

資料**F**から、松前藩の家臣と、むしろに座るアイヌの人々との間には明らかに上下関係がみてとれる。これはシャクシャインの戦いをきっかけに、松前藩とアイヌとの関係が変化したことによる。この戦いはアイヌが松前藩のおこなう商場知行制における不等価交換や自由貿易の制限への不満を背景に、シャクシャインの呼びかけにより一斉に蜂起したもの。松前藩によって鎮圧されたのち、アイヌに対する支配が強化された。この頃からオムシャの儀式も、設問文にあるような交易に訪れた客人を歓待するための行事から、アイヌの松前への服従の儀式と変わっていった。

問7 ①

明治以降に日本に組み込まれた琉球と蝦夷地において、そこに住む琉球とアイヌがどのように扱われたのかを二つの年表から読み取る問題である。**X・Y**には、年表から読み取った、琉球とアイヌに共通していたことが記されている。

Xには同化政策により、その地に住む伝統的な生活文化が失われたとあるが、沖縄では、琉球処分後に旧支配層の反発を抑えるために旧慣温存政策がとられていた。しかし、教育政策においては1880年に那覇に師範学校が設立され、その後、3年のうちに小学校が51校整備されるなど、教育を重要視し日本への忠誠心の育成と同化が進められた。また年表から、日本語普及のための教科書『沖縄対話』が刊行されたことや、全国に先駆けて「御真影」が下賜されたことがわかる。

北海道でも年表には1871年にアイヌを平民籍に編入し、入墨、耳輪を禁止するなど同化政策が進められたことや、アイヌ学校を設置し、日本語教育がおこなわれたとあることから、北海道でも同様であったと考えられる。よって、**a**が適当である。

bの海外移民を送り出していることは、沖縄の年表から読み取れるが、北海道から確認できない。沖縄における移民は、土地の細分化による自給生産力の低下と市場経済の浸透が人々の生活を圧迫するようになったため、貧しい人々が県外に活路を見出さなければならなかった背景がある。よって、同化政策による生活文化の喪失に対する根拠として不適当である。

Yについて、年表から、沖縄・北海道ともに、1890年に帝国議会が設置された後も参政権が北海道では1902年まで、沖縄では1912年まで待たなければならなかったこと、徴兵令の公布が1873年ではなく、1898年に施行されたこと、などがわかる。よって、**c**が適当である。**d**ついては、入植ということは沖縄の年表からみつけることができない。北海道には沖縄と異なり、屯田兵という大量の入植者が送り込まれた。よって、**d**は北海道に関することのみであるため、不適当である。

問8 ①

資料**K・L**に着目する。1960年から65年にかけて、本土と沖縄のアメリカ軍基地はほぼ1対1であり、同じ規模のアメリカ軍基地が存在するといえる。よって、**a**は正しい。資料**K**をみると1953年に内灘での農民の座込み（内灘闘争）、1955年の砂川での反対集会（砂川闘争）、1956年の沖縄での島ぐるみ闘争がおこなわれたことが書かれており、沖縄や日本本土において、アメリカ軍基地反対闘争が拡大していたことが読み取れる。こうした状況下で、日米安全保障条約の改定を控えたアメリカ政府と日本政府は、反米感情を鎮静化させるため、日本から一切の地上部隊を撤退させることをアメリカ側は約束した。そして、その地上部隊を日

本ではない沖縄に移転させたことが背景にある。資料Lでは日本本土のアメリカ軍基地が大幅に減少しているが、沖縄の基地は倍増している。よって、**b**の「本土と沖縄ともに」という部分が誤りである。

　資料**K・M**に着目する。資料**K**から沖縄返還合意が1969年であることが読み取れる。資料**M**をみると、1969年以降に沖縄のアメリカ軍兵力が本土の兵力を上回っていることがわかる。よって**c**は正しい。**d**であるが、資料**K**から新安保条約調印は1960年とわかる。よって、資料**M**の53年から60年を見ると、本土のアメリカ軍兵力が減少していることが読み取れる。よって、**d**は誤りである。

著者

仙田　直人（成蹊中学・高等学校校長、元全国歴史教育研究協議会会長）

大舘　一基（東京都立大山高等学校）

古川　泰代（東京都立町田総合高等学校）

細川　貴之（東京都立田柄高等学校）

三井　由子（品川女子学院）

大学入学共通テスト対策

資料ヨミトリ日本史問題集
Work & Practice　　　　　　　　（解答・解説）

2021年7月10日　第1版第1刷　印刷
2021年7月20日　第1版第1刷　発行

　　　　　　　　編　者　　仙田直人
　　　　　　　　発行者　　野澤武史
　　　　　　　　印刷所　　株式会社　プロスト
　　　　　　　　製本所　　有限会社　穴口製本所

発行所　　株式会社　山 川 出 版 社
〒101-0047　東京都千代田区内神田1丁目13番13号
　電話　03(3293)8131（営業）　03(3293)8135（編集）
　https://www.yamakawa.co.jp/　振替00120-9-43993
　　　　　　　　　　　　　　　　　　　　　　　　　　　＊